《安徽电力电话服务应答话术集》
编 委 会

主　　任:张　波
委　　员:周开保　徐晓耘　陈　伟
　　　　　叶　斌　左松林

编 写 组

组　　长:陈　伟　叶　斌
副组长:韩　号　袁加梅
成　　员:夏泽举　张莉莉　常　丽　张　薇
　　　　　罗全才　汪宝琢　卢曼丽　柯良珍
　　　　　俞　斌　张　弛　张梦寒　马　瑶
　　　　　李　直　倪妍妍　金　耀　汤　旭
　　　　　齐红涛
审查人员:汤俊珺　孙　仙　李少飞

前　言

为加快构建以客户为中心的现代服务体系，满足人民美好生活需求，为客户创造价值，国网安徽省电力有限公司聚焦人民电业为人民，以提高全社会普遍服务水平，提供可靠便捷、优质温馨服务为目标，坚持问题导向，抓住客户服务热点、难点，精准发力，快速响应，用主动服务的实际行动和成效践行"以客户为中心，专业专注，持续改善"的核心价值观，提升服务品质，赢得客户的满意度、忠诚度。

以此初衷，国网安徽省电力有限公司决定将近年来供电服务工作中可能存在的服务风险和常见问题进行梳理，撰写一本适合安徽区域各类电力客户电话服务的应答话术书籍，其内容明了易懂，供电服务人员能够快速掌握，并运用到自己的工作中。

本书共分为业务类话术、通用类话术、差异类话术三大部分，主要涉及供电营销业务、故障报修、媒体来电、不合理诉求等热点难点业务应答话术，亦涵盖季节性供电、恶劣天气、务工人员返乡等通用及差异化应答话术。

本应答话术由国网安徽省电力有限公司营销部组织编写。在编辑工作中，国网安徽省电力有限公司客户服务中心选派专业技术人员给予了大力支持，安徽各供电公司营销部也提出了一些非常好的建议，在此一并表示感谢。由于编者水平有限，安徽电力电话服务应答话术集难免存在不妥之处，敬请读者批评指正。

国网安徽省电力有限公司营销部

2018 年 11 月

目　　录

一、业务类话术

（一）热点业务话术

1. 电能计量类

1.1 户表改造应答话术

1.1.1 政策依据

（1）目前大力推广的智能表均按国网公司统一的技术规范制造。

（2）用于和客户结算电费的电能表由国网公司统一采购。

（3）电能表购置后由省计量中心对每块电能表进行检定。

（4）电能表检定合格后配送至各地市公司,由装表接电班安装至客户端。为了保证计量准确性,电能表均需按照规定进行检定,检定合格后方可安装到客户端。新表检定时会产生一定的电量,检定合格后,计量中心将按照规定把检定过程中产生的电量清零,从而保证装到客户端的每块表底数均为0。

（5）运行中的电能表安装到客户端后,每隔一定时间分批抽样检定,以确定整批表质量是否满足继续运行的要求。一般从第5年起每年按照各批次的年份制定抽检计划,抽检合格则允许其继续运行,否则整批轮换拆回。不同类型的电能表,轮换周期不同。

（6）拆回的旧表原则上在专用库房保存1.5至2个抄表周期,可供客户查验。超过保存周期的旧表进行报废处理。

1.1.2 户表改造应答详细话术

问:客户将对外租赁的房屋自行安装了分表,该分表是否纳入供电公司的改造计划?

答:您反映的情况中提到的表计非供电公司资产的电表,如需改造请您自行联系社会有资质电工处理。

问:我是合表客户,想进行"一户一表"改造,如何处理?

答:"一户一表"改造针对的是由供电公司认定的合表客户,对于不在供电公司认定的合表范围的客户,如提出确认是否为合表户或申请"一户一表"改造,需先办理合表确认手续。建议您到供电公司营业厅咨询办理。

具体需要携带的资料参考知识库《合表居民用户受理及改造业务》。

问:换表前后电表能给我们看一下吗?

答:可以。如果是小区批量换表,请您关注小区公示信息;也可通过供电公司反馈您的《装拆工作单》了解。如您需要查看已拆下的旧电表,请联系我们处理。

问:我家新装电表底数不为0,是什么情况?

答:可能是因为房地产开发商临时施工或物业公司试用电,造成少量的表底数。一般小区在交新房时,物业公司会带领客户验房、验电、验水,确认电能表底数,因此,这部分电量建议客户与物业公司或开发商核实处理。另外部分智能电表通过省市场监督管理局抽检后,会存在不超过10度的底数,供电公司工作人员在安装电表时会记录并扣除这部分电量。

问：小区更换电表时，需要我们到现场吗？

答：小区电表改造（更换）过程是透明和公开的。我们会在换表前3～5天通知小区物业并在小区内进行公告，客户如需现场跟踪，可以在我们公示规定的时间到现场参与换表工作。感谢您对我们工作的关注。

问：安装/更换智能电能表是否收费，换下的电能表如何处置？还会重新使用吗？

答：在智能电网建设改造整个过程中，国家电网公司将对所有用电客户免费更换智能电能表，其费用由供电企业承担。换下的故障、淘汰电能表经供电公司、客户双方签字确认后，属于供电公司资产的电能表统一由供电公司报废处理，不再重新使用。

问：供电公司未经本人同意在墙上安装电表箱，如何处理？

答：供电公司安装表箱位置是根据小区规划、线路走向、供电电源点等情况确定，是符合设计规范的。如您对此存在异议，我们会安排工作人员跟您联系处理。

1.2　电能表故障应答话术

问：我家的电能表好像有问题，如何处理？

答：请问有什么问题：表计故障/电表上显示的错误代码/白屏？我们先安排工作人员到现场查看，对于电能表故障，属于供电公司资产故障由我们负责处理，我们将通知地市公司帮您核实，请保持电话畅通。如果故障是在电表以后的线路，属于您的个人产权，根据《供用电合同》约定，到客户侧的设备故障应由您自行负责处理。具体情况由工作人员进行现场判断，十分感谢您的配合。

问:由于火灾、交通事故等其他突发原因造成的单独表箱或者集装表箱内的表计损坏,如何处理?

答:请您初步描述一下现场的情况。请问现场是否需要停电或存在触电的安全隐患?我们将派工作人员到现场核实处理。请您保持电话畅通。

问:客户端表计资产故障,如何处理?

答:根据您的描述,您反映的电能表不属于供电公司资产,建议您联系物业或有资质的电工进行处理。

问:我家用电负荷大,电表冒烟了,能否换个大电表?

答:应该换表。根据《供电营业规则》相关规定,因供电企业责任或不可抗力致使计费电能表发生故障的,供电企业会负责换表,不收费用;其他原因引起的,用户应负担赔偿或修理责任。我们会安排工作人员上门查看,请保持电话畅通,感谢您的配合。

问:我家电表后开关拉开后,邻居家没电了,我和邻居家的电表线路是不是弄反了?

答:经查询,您提供的表号是××(地址××),表号上核对是相对应的。您在与开发商(二手房等)进行交房时,是否采用拉闸的方式进行核实验收?我们会安排人员现场核实,请您保持电话通畅。

注:开发商开发的小区楼房用电是批量安装的。供电公司会将线路和表计安装到楼道处,表后线路是由开发商投资提供,并由开发商在建房时埋设的,属客户资产,此种情况会存在邻居间的表后线互相交叉埋设,开发商在标识门牌号时错误,导致最终表后线埋设错误。

1.3 电能表轮换应答话术

1.3.1 政策依据

运行中的电能表从安装到客户端的年限起,每间隔一定时间进行分批抽样再次检定,以确定整批表质量是否满足继续运行的要求。一般从第 5 年起每年按照各批次的年份制定抽检计划,抽检合格则允许其继续运行,否则整批轮换拆回。不同类型的电能表,其轮换周期不同,目前安徽省所有电子式电能表原则上运行年限不得超过 10 年。

1.3.2 电能表轮换应答详细话术

问:电能表在不知情的情况下被更换了,如何处理?

答:经查询您家的电能表更换时间是××,供电公司在换表前会在楼道、表箱或者物业公示栏提前张贴换表通知,若您没有注意到换表通知,对电能表更换有疑义的话,我们将安排工作人员跟您联系。

经查询,××户号档案中确实是有换表流程,您提供的××户号(××地址)在系统内留存的联系电话是××,与您来电不一致,供电公司电话联系不到您,会将换表情况存放在物业处,您可以到物业处查看,或者会将换表情况张贴在表箱处,您可以去查看一下。我们会通知工作人员与您联系,请保持电话畅通。

问:我家的电表是不是接错了,用电量这么大?

答:经核实,您的户号××(地址××),联系方式××。每月电量比较均衡合理,最近并没有对您所在的小区更换电表。如果您需要供电公司工作人员协助,我们会安排人员上门帮助您进一步核实。

一般情况下供电公司只负责核对到表后开关处,开关到客户家的线路由房产开发商负责。

问:我想更换电能表,如何处理?

答:按照相关规定,安徽省所有电子式电能表使用寿命为10年左右,如果您的电表属于正常运行状态,换表暂不受理。若您所使用的电能表时间在7年以上,供电公司将根据轮换计划进行更换。

若为客户产权电表,根据您的描述,您反映的电能表不属于供电公司资产,建议您联系社会上有资质的施工单位进行处理。

2. 电费电价类

2.1　电费电量应答话术

2.1.1　政策依据

依据《国家电网公司电费抄核收管理规则》抄表周期管理:

(1)对用电量较大的客户、临时用电客户、租赁经营客户以及交纳电费信用等级较低的客户,应根据电费回收风险程度,实行每月多次抄表,并按国家有关规定或合同约定实行预收或分次结算电费。

(2)对高压新装客户应在接电后的当月进行抄表。对在新装接电后当月抄表确有困难的其他客户,应在下一个抄表周期内完成抄表。

2.1.2　电费电量应答详细话术

问:我收到催费通知,为什么系统查询无欠费?

答:您反映的情况可能存在很多原因,例如是否前期您的家人委托过他人帮忙代缴电费,而忘记告知您。我们将安排工作人员与您联系核实处理,请您保持电话畅通。

问:电费已委托工作人员代缴,为什么系统查询没有这笔缴费记录?

答:您好,供电公司规定工作人员正常情况下不可以帮客户代缴电费的。建议您跟被委托人再核实一遍具体情况。为方便客户的缴费，供电公司已开通"国网安徽电力"、支付宝、微信等电子渠道，您可以依据个人情况选择更为便捷的缴费方式。

问：我家电费/电量最近比较多是什么原因？

答：请问最近家里是否有亲朋好友入住/是否家里有新生宝宝/是否新增大功率电器/房屋是否之前并未实际入住/房屋承租人有无发生变化的情况？建议您将家中总开关断开，查看电表脉冲灯是否闪烁，电表脉冲灯红色闪烁表示电表仍然在计量。我们将安排工作人员与您联系，请您保持电话畅通。

电费的突增可能有很多原因，例如阶梯电价/用电时节/抄表周期/计量装置更换/退补电量/退补电费等。我们会安排人员核实处理，请您保持电话畅通。

问：冬天这段时间电费超多，是不是你们的电表有问题？

答：经查询，户号××（地址××），您近期的电费比平时是要多，近几个周期的抄表时间也是固定的。现在是冬季，是不是家中有地暖用电？地暖耗电会比较多，建议您再观察几个月，待天气暖和地暖停用以后，看看电量电费是不是会恢复到以前水平。另外，电热水器长时间保温，也是比较耗电的。从您的用电信息来看，您账户上的电量目前已达到第三档，电费支出也会相对比较多的。

如果您觉得不是特殊情况引起的电量大，您也可以申请电能表校验，我们将安排工作人员与您联系，请您保持电话畅通。

问：我开通了分时电价，怎么电费还是这么多？

答：分时电价是按照不同的用电时间段，分别执行不同的用电价格。经查询，您的谷段电量用得比较少，建议您合理分配家电使用时间，加大低谷时段的用电量，以减少电费支出。低谷时段是从 22：00

到 8:00。

问:我想看到我家每天的用电量,到哪能查?

答:您可以关注"国网安徽电力"微信公众号,可以查询近一个月每天的用电量,并以曲线图显示,非常直观方便。

备注:①只能对安装了用电信息采集装置的居民客户进行查询;②查询时段为 0:00 至 24:00,查询的是电能表在每日 00:00 的冻结电量,是准实时电量,并非当前此刻的电量。③因通讯中断造成无法采集数据的情况,可选择需要查询日期最近日期的冻结电量作参考。

2.2 电价标准应答话术

2.2.1 政策依据

《安徽省电价说明》《国家发展改革委关于调整销售电价分类结构有关问题的通知》(发改价格〔2013〕973 号)、《安徽省物价局关于进一步明确农业生产用电价格有关事项的通知》(皖价商〔2018〕89 号)

现行安徽省销售电价分为居民生活用电、农业生产用电、工商业用电及其他用电四类。

(1)居民生活用电

1)城乡居民住宅用电:是指城乡居民家庭住宅,以及机关、部队、学校、企事业单位集体宿舍的生活用电。

2)城乡居民住宅小区公用附属设施用电:是指城乡居民家庭住宅小区内的公共场所照明、电梯、电子防盗门、电子门铃、消防、绿地、门卫、车库、二次供水等非经营性用电。

3)学校教学和学生生活用电:是指学校的教室、图书馆、实验室、体育用房、校系行政用房等教学设施,以及学生食堂、澡堂、宿舍等学生生活设施用电。

执行居民用电价格的学校,是指经国家有关部门批准,由政府及其有关部门、社会组织和公民个人举办的公办、民办学校,包括:①普通高等学校(包括大学、独立设置的学院和高等专科学校);②普通高中、成人高中和中等职业学校(包括普通中专、成人中专、职业高中、技工学校);③普通初中、职业初中、成人初中;④普通小学、成人小学;⑤幼儿园(托儿所);⑥特殊教育学校(对残障儿童、少年实施义务教育的机构)。不含各类经营性培训机构,如驾驶、烹饪、美容美发、语言、电脑培训机构等。

4)社会福利场所生活用电:是指经县级及以上人民政府民政部门批准,由国家、社会组织和公民个人举办的,为老年人、残疾人、孤儿、弃婴提供养护、康复、托管等服务场所的生活用电。

5)宗教场所生活用电:指经县级及以上人民政府宗教事务部门登记的寺院、宫观、清真寺、教堂等宗教活动场所常住人员和外来暂住人员的生活用电。

6)城乡社区居民委员会服务设施用电:是指城乡居民社区居民委员会工作场所及非经营公益服务设施的用电。包括:徽风报刊亭用电、实行一体化管理的行政村卫生室用电和农村地区公共图书馆、文化馆、博物馆、美术馆、纪念馆、乡镇综合文化站等实行免费开放的公益性文化单位用电。

7)监狱监房生活用电:是指监狱监房生活用电,不包括看守所、拘留所等政府机关附属机构用电。

(2)农业生产用电

1)农业用电:是指各种农作物的种植活动用电。包括谷物、豆类、薯类、棉花、油料、糖料、麻类、烟草、蔬菜、食用菌、园艺作物、水果、坚果、含油果、饮料和香料作物、中药材及其他农作物种植用电。

2)林木培育和种植用电:是指林木育种和育苗、造林和更新、森林经营和管护等活动用电。其中,森林经营和管护用电是指在林木生长的不同时期进行的促进林木生长发育的活动用电。

3)畜牧业用电:是指为了获得各种畜禽产品而从事的动物饲养

活动用电(包括养殖场照明、孵化、非经营性饲料生产、畜舍清理等生产性用电,不包括畜禽产品加工、经营性饲料生产以及办公、宿舍等其他用电)以及养殖场、养殖小区的畜禽等养殖污染防治设施运行用电。不包括专门供体育活动和休闲等活动相关的禽畜饲养用电。

4)渔业用电:是指在内陆水域对各种水生动物进行养殖、捕捞,以及在海水中对各种水生动植物进行养殖、捕捞活动用电。不包括专门供体育活动和休闲钓鱼等活动用电以及水产品的加工用电。

5)农村饮水安全工程运行用电:指经批准建设的规划范围内农村饮水安全工程运行用电。

6)农业灌溉用电:指为农业生产服务的灌溉及排涝用电。

7)贫困县农业排灌用电:是指国家级、省级贫困县的农田排灌用电。贫困县农业排灌用电和农业抗灾用电指标合并使用。

8)农产品初加工用电:是指对各种农产品(包括天然橡胶、纺织纤维原料)进行脱水、凝固、去籽、净化、分类、晒干、剥皮、初烤、沤软或大批包装,以提供初级市场的用电和秸秆捡拾、切割、粉碎、打捆、成型(板材等建筑材料除外)等初加工用电。

以上用电执行我省农业生产用电价格,不再以受电变压器容量315千伏安进行区分。

(3)工商业及其他用电

根据《安徽省物价局转发国家发展改革委关于降低一般工商业电价有关事项的通知》(皖价商〔2018〕59号),我省一般工商业及其他用电类别与大工业用电类别统一合并为工商业及其他用电类别。其中,315千伏安及以上的原一般工商业用户可自愿选择执行合并后的单一制或两部制目录电价,计费方式一经选择后一年内保持不变。315千伏安以下原一般工商业用户执行合并后的单一制目录电价。原大工业用户执行合并后的两部制目录电价。

原大工业用电:是指受电变压器(含不通过受电变压器的高压电动机)容量在315千伏安及以上的下列用电。

1) 以电为原动力,或以电冶炼、烘焙、熔焊、电解、电化、电热的工业生产用电。

2) 铁路(包括地下铁路、城铁)、航运、电车及石油(天然气、热力)加压站生产用电。

3) 自来水、工业实验、电子计算中心、垃圾处理、污水处理生产用电。

4) 发电企业因启动调试等原因向电网购买的电量,执行大工业电度电价(不收取基本电费)。

5) 中小化肥用电:是指年生产能力为30万吨以下(不含30万吨)的单系列合成氨、磷肥、钾肥、复合肥料生产企业中化肥生产用电。其中复合肥料是指含有氮磷钾两种以上(含两种)元素的矿物质,经过化学方法加工制成的肥料。但化肥企业生产液氨、甲醇、甲醛、纯碱、吗啉、香料、硫酸等化工产品(非中小化肥中间产品)用电,不执行中小化肥电度电价与容量电价。

对新增中小化肥企业,由市级价格主管部门会同工业经济主管部门和电网企业认定并报省物价局批准后,执行中小化肥电价。

6) 农副食品加工业用电:是指直接以农、林、牧、渔产品为原料进行的谷物磨制、饲料加工、植物油和制糖加工、屠宰及肉类加工、水产品加工,以及蔬菜、水果、坚果等食品的加工用电。

原一般工商业及其他用电:是指除居民生活用电、农业生产用电以及大工业用电以外的用电。

2.2.2　电价标准应答详细话术

问:我家是居民生活用电,怎么电费这么多?(经查询,客户已执行三档居民电价)

答:居民阶梯电价第三档,单价会从基价上调0.3元,所以您本周期电费会比较多。

问:我怎么了解我的电价电费情况?

答:您可以关注"国网安徽电力"微信公众号,可以查询到您每个结算周期电量,甚至到每日的电量,非常方便。也可以下载"掌上电力"App,绑定您的客户号就可以随时查询您的电量电费和单价情况。

问:我家电价怎么 1.5 元一度?

答:您没有在国家电网开户用电,非国家电网的直接客户,是转接其他客户用电的,请联系转接客户。

问:我家是家庭做茶用电,这个季节月电量非常大,应该执行什么电价?

答:根据安徽省电价说明中规定,农田排涝、灌溉、电犁、打井、打场、脱粒、饮料加工(非经营性)用电,防汛临时照明用电,农产品初级加工(指无成规模厂房、无固定生产人员和生产组织机构)用电,农业生产非大工业用电性质的农业经济作物、农村养殖业用电,可以执行农业生产电价。

问:我今天接到供电公司通知,说要我改电价,是怎么回事?(合表居民用户)

答:经查询,您××户(××地址)执行的是合表居民生活电价。根据相关规定,供电公司会定期现场核对电价执行情况。他们在现场核实时,发现您现在执行的电价与实际不符,这是需要修改的。我们会安排人员上门与您对接,请保持电话畅通。

2.3 查询抄表数据应答话术

2.3.1 政策依据

依据《国家电网公司电费抄核收管理规则》,对实行远程自动抄表方式的客户,应定期安排现场核抄,核抄周期由各单位根据实际需要确定,10 千伏及以上客户现场核抄周期应不超过 6 个月;0.4 千伏及以下客户现场核抄周期应不超过 12 个月。

正常运行后,对连续三个抄表周期出现抄表数据为零度的客户,应抽取一定比例进行现场核实,其中,10 千伏及以上客户应全部进行现场核实;0.4 千伏非居民客户应抽取不少于 80% 的客户,居民客户应抽取不少于 20% 的客户。

严格执行抄表制度。按规定的抄表周期和抄表例日准确抄录客户用电计量装置记录的数据。严禁违章抄表作业,不得估抄、漏抄、代抄。确因特殊情况不能按期抄表的,应及时采取补抄措施。当抄表例日无法正确抄录数据时,应在抄表当日安排现场补抄,并立即进行消缺处理。

对远程自动抄表异常客户现场核抄时,如现场抄见读数与远程获取读数不一致,以现场抄见读数为准。

2.3.2　查询抄表数据应答详细话术

问:我家抄表日期是固定的吗? 怎么这个月不一样了?

答:经查询,您户的抄表日期是××。如果系统无法远程采集数据,或者遇恶劣天气等特殊情况,需要人工现场抄表,抄表时间会有微调。遇到节假日,为避免造成客户节假期间缴费不便,抄表时间会进行微调。

问:我查看了电表上的数字,怎么和你们抄的数字差别很大呢?

答:经查询,您本月××抄见的指数是××,和您今天看的数字应该是有差别的。另外,电子表显示屏上的数字是轮显各个时段的指数,有平、谷,还有电压、年、月、日等,建议您再核实一下。我们将安排工作人员帮您核实,请保持通话畅通。

经查询,系统内的抄见示数是××,和您报的数字确实是有差异,但您报的数字和其中的峰(谷)段数字很接近,您是不是看错一个数字了,建议您再核实一下。需要工作人员帮您核实吗?

问：我是新用户，想问一下什么时候抄表？

答：您是高压客户，一般在当月安排第一次抄表。其他类型的客户会在下个抄表周期安排第一次抄表，请您关注。

问：我家一直用电，怎么没有用电量？

答：经查询，您是新装用户，您所在的小区预计在××日抄表，供电公司应该是近期会开展第一次抄表。请您关注。

经查询，您户确实是零电量，该小区是××日抄表结算的，您家的用电时间短，抄见电量未达到供电公司抄表结算额度，当月是不结算的。建议您下个周期再关注。如果您是租户需要结算的话，可以和房东商量内部结算。

对于连续三个抄表周期均是零电量的情况，供电公司会进行一次现场核查，届时会进行现场抄表处理。如果是电表故障，工作人员会及时告知您处理情况。我们将安排工作人员帮您核实，请保持通话畅通。

问：请问抄表的数据是采集哪个时间段的？

答：目前都是通过远程采集数据，一般正常情况下都是抄表日的"零"点。

问：我一直正常用电的，也一直有电费，这个月怎么没电费？

答：经查询，您所在的区域是××日抄表的。您本月电费未产生的原因可能为工作人员现场抄录时，您家中无人，导致电表指数无法核准。也有可能是采集信号故障，未采集到数据。我们会安排人员现场核实，请您保持电话畅通。

问：我家一直正常用电，为什么有好几个月没收到电费通知短信了？

答：未收到短信的原因有很多，有可能为通信运营商漏发了。建议您关注"国网安徽电力"微信公众号,可以多渠道查询个人用电信息。同时我们会安排工作人员与您联系处理,请保持电话畅通。

2.4 银行代扣应答话术

2.4.1 政策依据

银行代扣需要与银行签约电费代扣协议。由于银行代扣的时间/月扣费次数由银行方面确定,各银行扣费时间段/月扣费次数也有所差异。

2.4.2 银行代扣应答详细话术

问:我想咨询一下怎么办理银行办扣?

答:非所有银行网点都能办理代扣手续,为了避免您重复往返,建议您拨打银行的服务热线,查询可以办理的网点信息及业务办理所需的资料。

问:我办理了银行代扣,账户上也有钱,怎么还收到了欠费通知?

答:收到欠费通知的原因可能是银行代扣不成功,或者是您的银行代扣业务是在电费发生后办理的,这样会导致错过了当月的银行代扣批次,建议您本月通过其他渠道交费。

问:我账号上是有钱的,银行短信说已成功扣款,为什么还收到短信说我欠费呢?

答:银行代扣成功后,银行账务非实时到账,存在延迟滞后的情况。我们会安排人员帮您核实。

问:我是银行签约代扣的,怎么会停电了呢?

答:经查询,您当前确实是欠费状态。银行代扣是有固定的扣款时间的,如果您的余额不足,会导致扣款失败。请您关注日常账务余额,及时补充银行余额,确保代扣成功。

问:如果银行余额不足,又收到欠费短信,我该怎么及时缴费呢?

答:您可以通过微信公众号、微信钱包、支付宝、掌上电力等渠道缴费,非常方便。

问:我怎么查询银行是否已代扣?

答:您可通过供电营业厅,致电95598自助查询以及签约银行柜面、银行自助终端、银行服务电话、网上银行查询。

备注:客户统一视图只能查询电费是否已缴纳,但不能完全确认是否以代扣方式缴费的。

问:我是银行代扣用户,因余额不足扣款失败了,刚刚才补充余额,目前收到你们的欠费短信通知了,现在已是月末,银行还会再扣款吗?

答:经查,您的欠费已逾期,因每个银行扣款时间和频次不同,您所在的银行不一定会对逾期电费进行代扣。为避免欠费影响您的正常用电,建议您通过微信公众号、掌上电力等其他方式尽快缴纳电费。

问:我长期身处外省,家中只有老人和孩子,无法及时缴纳电费,请问通过什么方式缴费比较方便?

答:您可以关注"国网安徽电力"微信公众号,实时查询电量电费,根据个人情况选择微信公众号、支付宝、银行代扣等第三方渠道缴费。

问:我想取消银行代扣,怎么办理?

答:银行代扣是您与银行之间签订的协议,如果用户要取消银行代扣,请您去银行柜台解除代扣关系。

2.5 重复缴费应答话术

问:我两笔电费缴重了,怎么办?(核实为两笔重复缴费记录)

答:您的两次缴费都在您的电费账户上,下期抄表时间是××,下期电费预计在××产生,届时会优先从您的余额上扣费,余额足够的话,您就无须再交费了;余额不足的话,您若成功订阅电费提醒短信业务,您将会收到电费提醒通知短信。

问:我是银行代扣用户,发现重复扣了我两笔电费,是怎么回事?

答:经查询,您反映的户号电费账号只有一笔缴费记录,是××月××日,缴费××元。请您再次核对一下您的扣款信息,如果是代扣重复扣款,请直接与签约银行联系确认。

问:我是代扣用户,昨天代扣了一笔电费,我收到了你们的电费短信,我从网上又交了一笔电费,怎么办?

答:代扣用户进行银行代扣(或者第三方代收费),要延迟一到两天才能在电费帐户销账,系统在销账之前仍显示欠费,第三方缴费渠道是不能识别的,所以会造成您在代扣的同时,第三方渠道无法识别。请您放心,您缴纳的电费都暂存在您的电费账户上,下期电费发行后优先扣款,不会再重复进行银行扣款的。

问:我是租房用电的,我想查一下前一个房客电费是不是算在我头上了?

答:您提供的户号××(地址××),最近一次抄表时间是××月××日,目前不欠费。您和前房客的电费结算请与房东联系。供电公司未接到房东相关结算要求,只按规定的抄表例日抄表结算。

2.6 开通分时电价应答话术

2.6.1 政策依据

根据皖价商〔2014〕149号《安徽省销售电价说明》,峰谷分时电价执行范围为:

大工业用户、蓄热式电锅炉、蓄冰(水)制冷电空调装置用电以及容量在100千伏安及以上的一般工商业用户执行峰谷分时电价。

由供电企业直接抄表的一户一表居民用户和100千伏安以下的商业用户(桑拿、洗浴、歌舞厅、网吧等除外),可按年选择执行分时或非分时电价,一旦确定,一年内不予更改。

中小化肥用电、城市供水用电、电气化铁路牵引用电、农村地区广播电视站无线发射台(站)、转播台(站)、差转台(站)、监测台(站)用电等可不执行或暂缓执行峰谷分时电价。淘汰类高耗能企业和限制发展的高污染企业在治理达标以前,不执行分时电价。

2.6.2 开通分时电价应答详细话术

问:我想开通分时电价,能执行吗?

答:经查询,您是居民生活用电,对吗?您可以持身份证到当地营业厅办理分时业务,也可以通过"国网安徽电力"微信公众号或"95598网站"在线办理分时业务,我们会有工作人员和您联系,请保持电话畅通。

问:我是居民用电客户,我用了一段时间分时电价后,觉得划不来,能恢复非分时电价吗?

答:居民分时开通满一年后可以根据个人情况申请取消居民分时电价,执行非分时居民生活用电电价。

问:我刚办理的分时业务,从什么时候开始算起呢?

答:(1)已安装智能电表的用户,办理分时业务后,工作人员会在当天抄表,按当天抄表示数开始执行分时电价。

(2)现场是非智能电表的客户,分时电价的执行需更换分时电表后开始执行。

问:分时电价和阶梯电价冲突吗?

答:两者是独立的,不冲突。

解读:"先峰谷,后阶梯"即先按照峰谷各时段用电量和第一档分时电价标准计算全部电量的电费,再按照第二档、第三档递增电价标准,分别计算第二档、第三档电量的递增电费。

问:我想咨询一下,我是接××公司用电的,他们是有分时电价的,我能执行分时电价吗?

答:××公司是我们的直接供电客户,我们会直接与××公司结算电费的,您的电费是与××公司结算,具体结算请与××公司联系处理。

问:我是××公司,我能不能自己选择执行分时电价?

答:如果您是100千伏安以下的商业用户(不包含桑拿、洗浴、歌舞厅、网吧等),可以自己选择是否执行分时电价,如果用电容量超过100千伏安,根据〔2014〕149号《安徽省销售电价说明》规定,对符合执行分时电价范围的用户要全面实施分时电价。

2.7 远程费控用户欠费停电应答话术

2.7.1 政策依据

《国网安徽省电力公司营销部关于印发2017年居民客户智能交费业务推广实施方案的通知》(营销工作〔2017〕35号)、《国网安徽省电力公司关于印发〈国网安徽省电力公司远程费控业务管理办法(试行)〉》(皖电企协〔2015〕316 号)。

(1)智能交费的推广时间:安徽公司分别在 2015 年和 2016 年启动智能结算方式,现已全面推广应用。

(2)推广范围:远程费控是国家发改委在全国推行的一项举措,所有客户都在逐步实施费控管理模式。

(3)电费交纳方式由"每月结算"变更为"日结算,月清算"(就像手机话费和其他商品一样,随时交费,随时使用),具有以下优点:①自动远程抄表(更精准);②余额自动提醒(更人性);③电费实时查询(更透明);④电量随时掌控(更灵活);⑤多种交费方式(更便捷);⑥自动远程复电(更快速)。减少了人工催费造成的打扰,现场张贴通知单涉及用户隐私等问题。

(4)对于批量新装用户,由开发商、政府或物业在房产交付时,通知所有用户其为"先缴费、后用电"的智能交费方式。

2.7.2 远程费控用户欠费停电应答详细话术

问:我的费控阈值是多少? 是怎么规定的? 能不能改?

答:经查询,您的费控阈值是××元。这个阈值是××供电公司根据当地的用电规模和用电情况来约定的。与您签订的费控用电协议上是有标注的,您可以详细查看一下您当时签订的协议。

这个阈值是根据您的用电量和缴费信誉来确定的。

问:实现远程费控用电方式以后,我怎么才能不被停电呢?

答:远程费控是根据您的用电性质,系统实时计算产生的电费,并与账户余额对比,余额为负时,会触发提醒短信,余额低于阈值时,系统会启动断电指令。建议您根据您的用电情况,保证足够的余额,关注系统发送的提醒短信,及时充值,避免因欠费导致的停电。

问:那需要存多少余额才能避免被频繁提醒短信,又不被停电?

答:您可以根据您的每日用电量和电费支出情况,存入足够的余额,比如说您家中每天电量在10度左右,电费约5.6元,您可以存够一个月及以上的电费金额。这根据您自身情况来定。如果余额不足,您可以通过"国网安徽电力"微信公众号,或选择微信、支付宝、银行代扣等第三方渠道缴费。电费是实时到账的。

问:我是远程费控用户,不熟悉网络缴费等,请问电费快用完时,我怎么才能知道我家的电费不够了?

答:当您的电费余额低于电表设置的预警金额时,系统会向客户发送短信提醒及时购电,您缴费后,电表显示屏恢复正常。根据您这种情况,建议您预存足够的电费金额,免去您频繁缴费的麻烦,也可以用银行代扣的方式,及时划账,这样就不用担心家里因欠费而被停电。

问:我不想选择远程费控用电方式,行不行?

答:目前电能表采取全国统一招标采购方式,随着科学技术的发展,电能表的更新换代非常快,以前使用的插卡式电子电能表,电能表公司已经不再生产。今后的电能表会逐步地更换为远程费控智能电能表。同时实时用电,实时缴费的模式在通信行业已实行多年,也是社会发展的总体趋势,请您能够理解。

问:我家被远程停电了,我认为电表不准要校验,但你们不同意校表,为什么?

答:由于您的电费余额不足,被远程停电了,目前系统显示您还是处于欠费状态,远程费控智能表处于欠费停电状态时,电表内部开关处于跳闸状态,此时校验电表将无法出具检定结果,建议您缴清欠费后再验表。

问:我不知道我家里是费控用电方式,你们没经过我同意,如何处理?

答:(1)经查询,您是××小区客户,该小区是 2017 年新建投运的,因国家统推费控模式,对新建小区用电一律采用远程费控用电方式,您所在小区是在投运前由开发商统一批量报装的。请您理解。

(2)您可以了解一下您的家人是否已签订了费控协议,我们会安排工作人员与您联系,请保持电话通畅。

问:我前几天刚刚交完电费,怎么告知我欠费停电了?

答:经查询,您是费控用户,系统实时测算电费情况,您当前已欠费××元,超过了费控电费停电阈值了(阈值就是您的电费使用信誉度)。建议您尽快交费,以免影响您的正常用电。

备注:安徽的费控用户交费可以选择网络交费,如下载"掌上电力",通过支付宝、微信交费,也可以关注"国网安徽电力"微信公众号,可以交费、还可以办理业务,查询您的电量电费信息。

2.8　居民客户欠费停电、复电应答话术

2.8.1　政策依据

《供电营业规则》第八十二条规定:供电企业应当按国家批准的电价,依据用电计量装置的记录计算电费,按期向用户收取或通知用户近期交纳电费。用户应按照供电企业规定的期限和交费方式交清电费,不得拖延或拒交电费。各类客户的电费缴费期限涉及地市差异,具体详见《居民客户电费缴纳期限》中的第 1 点以及《非居民客户电费缴纳期限》。

《电力供应与使用条例》规定,客户逾期未缴纳电费的,自逾期之日起计算超过 30 日,经催交仍未交付电费的,供电企业可以按照国家规定的程序停止供电。

国家电网公司《供电服务十项承诺》第 3 条:供电设施计划检修停

电,提前 7 天向社会公告。对欠费客户依法采取停电措施,提前 7 天送达停电通知书,费用结算后 24 小时内恢复供电。

2.8.2 居民客户欠费停电、复电应答详细话术

问:我缴清电费这么长时间了,怎么还没给我送电?

答:(1)经查询,停电确实是因为欠费造成的。您的电费已结清,我们将安排工作人员尽快给您送电,请您耐心等待。

(2)经查询,您目前欠费已交清,系统显示送电成功,如仍无法正常用电,可能存在其他故障,我们会尽快安排工作人员与您联系,请耐心等待,并保持电话畅通。

问:我家并不欠费的,怎么会停电呢?(查询无停电记录)

答:经查询,供电公司没有计划停电,也未对您家安排停电。请您不要慌张,看看周围邻居是否有电,如属于您自家内部故障,请检查电表及以下空气开关、线路是否正常,如跳闸、损坏请及时自行更换。如无法确定停电原因,请您及时与我们联系,我们将安排工作人员现场帮助您核实处理,请您保持电话畅通。

问:我家欠费停电了,为什么不事前通知我?

答:欠费停电事前会有提醒短信(已订阅短信用户),并现场张贴欠费通知单。欠费通知单的位置根据小区物业规定确定,有的会在表箱上,有的会在您所在的单元楼道口,有的会在小区公示栏里。建议您关注一下您的电费短信,经查询,您在系统中留存的手机号是××,如果联系号码变更,请及时联系我们更改,以免影响您正常用电。

问:我刚刚交了电费,怎么把我家电给停掉了?

答:经查询,您是刚刚××点××分缴费的,可能是停电时间和您的交费时间刚好存在了偏差。我们会马上安排工作人员给您处

理,请保持电话畅通。

问:我家是不是因欠费停电了?

答:经查询,您家确实属于欠费停电。

(1)已开通费控功能,您的剩余电费已达到停电阈值,建议您尽快缴费,缴清后将自动恢复供电,若复电不成功,请您与所属客户经理联系处理。

(2)未开通费控功能,已办理复电手续。很抱歉给您带来不便,我们将立即催办相关工作人员,尽快为您送电。

(3)未开通费控功能,且未办理复电手续。请您尽快缴纳电费并办理复电手续,供电公司会在电费结清后尽快为您恢复供电。若复电不成功,请您与所属客户经理联系处理。

(4)经查询,客户不是欠费停电。转低压一户停电话术流程。

问:客户欠费停电且未交清电费,急需用电,能不能尽快复电?

答:电力是一种商品,您需缴纳电费后,供电公司才能帮您送电。在此向您推荐几种便捷的缴费方式,您可以通过"国网安徽电力"微信公众号,或选择微信、支付宝、银行代扣等第三方渠道足不出户即可缴费。

问:客户已交清电费并办理复电手续,现急需用电,能不能尽快复电?

答:供电公司承诺会在您结清费用的 24 小时内为您送电,很抱歉给您带来不便,考虑到您户的特殊情况,我立刻帮您协调处理,请您耐心等待。

2.9 未收到电费账单应答话术

问:为什么近期未收到电费纸质账单?

答:经查询,您订阅了短信,电费账单信息每个计费周期将通过短信方式发送至您的预留手机号码上。为响应国家经济环保的要求,供电公司将逐步取消纸质账单。

经查询,客户未订阅短信。我们可以帮您查询近一年的电费账单,请问您需要知道哪一个计费周期的电费账单。

建议您订阅电力短信,免费开通。另外,您可通过"国网安徽电力"微信公众号查询电量、电费和其他用电信息,体验更加方便、快捷的用电服务。

如果您确需纸质账单,我们将安排工作人员跟您联系处理。

3. 营业业务类

3.1 临时用电应答话术

3.1.1 政策依据

(1)临时用电知识背景

新装用电业务按用电性质可分为正式用电和临时用电,本文主要介绍临时用电的基本概念、期限、办理、延期、销户、费用收取等内容。

(2)分类

临时用电:临时用电是指非永久性的用电。按照计量方式分为装表临时用电和不装表临时用电。《供电营业规则》第七十六条规定:临时用电的用户,应安装用电计量装置。对不具备安装条件的,可按其用电容量、使用时间、规定的电价计收电费。注:安徽省暂无不装表临时用电业务。

(3)临时用电延期

①装表临时用电延期的办理:客户需提前申请,经双方协商后,重新签订《供用电合同》;如客户超期,临时接电费扣除金额应按月计算,扣除金额不高于临时接电费按月均摊到临时供用电合同周期的金额。②不装表临时用电延期:客户需提前申请,经业务人员现场勘

查核定,重新签订《供用电合同》;补收相关费用。

3.1.2 临时用电应答详细话术

问:为什么不能办理临时用电?

答:我们对房地产开发、工厂基建、城市建设、道路和桥梁建设等建设周期较长的大型基础建设工程,提供装表临时用电业务。如果您还有疑问,我们将安排工作人员与您联系处理。

问:我办理临时用电能用多久? 我建完房后怎么办?

答:一般临时用电不得超过 6 个月,如果您在 6 个月以内完成建房工程,可以前往营业厅办理临时用电销户手续,重新申请正式用电业务。如果您六个月以内未完成,建议您前往营业厅办理延期手续,否则供电企业将会对您终止供电。

问:临时用电销户需要什么手续? 销户后电费怎么处理?

答:销户业务需要您提供:(1)临时用电户号;(2)单位所盖公章;(3)户主或法人身份证;(4)委托经办人身份证。单位用户需提供营业执照复印件;授权委托书。(各地市存在差异,具体详见各地市知识库)。

办理销户流程时,我们会于下个抄表周期内跟您结清电费。因您前期缴纳的临时接电费属于业务收费,涉及公司内部预算的上报审批,需滞后一个月方可执行。

3.2 变更用电应答话术

3.2.1 政策依据

(1)变更用电知识背景

变更用电业务仅限于正式用电办理,《供电营业规则》第十二条规定:供电企业不受理临时用电的变更用电事宜。

用户需变更用电时,应事先提出申请,并携带有关证明文件,到供电企业用电营业场所办理手续。

(2)需签订变更供用电合同。

有下列情况之一者,为变更用电。

① 减少合同约定的用电容量(简称减容);

② 暂时停止全部或部分受电设备的用电(简称暂停);

③ 临时更换大容量变压器(简称暂换);

④ 迁移受电装置用电地址(简称迁址);

⑤ 移动用电计量装置安装位置(简称移表);

⑥ 暂时停止用电并拆表(简称暂拆);

⑦ 改变用户的名称(简称更名或过户);

⑧ 一户分列为两户及以上的用户(简称分户);

⑨ 两户及以上用户合并为一户(简称并户);

⑩ 合同到期终止用电(简称销户);

⑪ 改变供电电压等级(简称改压);

⑫ 改变用电类别(简称改类)。

3.2.2 变更用电应答详细话术

问:工厂停工了,就留个人看门,用不了多少电,怎么还要缴基本电费?

答:如果企业主停产后未及时到供电公司办理暂停或减容业务,供电公司仍将默认您的变压器为运行状态,并按照变压器的容量收取相应的基本电费。

如果您是整台或整组变压器运行的话,建议您先对设备进行改造。换装单台小容量的变压器或多台并列运行的变压器组。依据您用电负荷的大小,及时办理变压器暂停业务。

鉴于专变客户每年内变压器暂停期限不得超过六个月,如果您的停产时间超过六个月,请及时到当地供电公司办理减容业务,减容期限不受限制。两年以内恢复的按减容恢复办理,超过两年的按新装或增容办理。

问:之前我申请了变压器暂停,我也没申请启用,为什么现在需要缴纳电费了?

答:您是不是暂停期满或今年累计暂停用电时间超过六个月了呢?如果是的话,不论您是否申请恢复用电,供电企业都会从期满之日起,按合同约定的容量计收其容量电费。

问:我建房子需要把电表移走,为什么供电公司没给我办?

答:根据《供电营业规则》,客户因修缮房屋、变(配)电室改造或其他原因,需要移动用电计量装置安装位置的,客户可以向供电公司申请办理移表业务。业务办理过程中不会收取任何业务费,按照供规第二十七条,移表产生的费用需由客户自行承担。

因移表业务涉及原先线路、表箱等设备的重新敷设,工程及民事纠纷问题需要客户协调帮助解决。

问:我过年回家发现家里面没电了,电表也被摘走了,如何处理?

答:根据《供电营业规则》第三十三条规定:用户连续六个月不用电,也不申请办理暂停用电手续者,供电企业须以销户终止其用电。用户需要再用电时,按新装用电办理。根据您目前的情况,建议您前往营业厅咨询办理新装业务。

3.3 新装、增容应答话术收费

3.3.1 政策依据

(1)新装用电、增容知识背景

新装用电:新装用电(以下简称"新装")是指客户因用电需要,初次申请报装用电,包括正式用电和临时用电两种。

(2)增容:增容是指客户在原有基础上增加用电容量的业务。

3.3.2　新装用电、增容应答详细话术

问:我要再装一块居民新表,为什么供电公司不给我办?

答:经查,你户已安装居民一户一表。按照要求,居民用户实行一户一表,一个房产证只能安装一块电表。

问:我申请安装一块电表,供电公司不是说免费办理吗?

答:供电公司与客户的产权分界点为计量电表,电表以上线路及电表属于供电公司资产,由供电公司负责出资、运维,电表以下的进户线路属于客户资产,需要您自行购买安装。

问:我之前申请办理新装,为什么到现在都没给我装表?

答:请问您当时办理新装的流程号或者户号是多少?

(1)客户无法提供

答:我们会安排工作人员与您联系处理。

(2)客户能够提供

答:查询系统已完成装表。请问您表后进户线是否已经安装?因为供电公司与客户的产权分界点是电表,表后线部分需要您自己出资购买,我们可以安排人员免费为您安装。

问:我申请装一块电表,工作人员答应我过两天就来,为什么到现在还没人过来装表?

答:您申请办理新装时,提供的联系方式是否准确?可能因为您预留的联系号码不准确导致我们的工作人员无法跟您取得联系。我们会安排属地公司人员尽快跟您取得联系,请保持电话畅通。

问：我申请入户，供电公司的人告诉我暂时没有电表，不能安装，如何处理？

答：按照公司管理规定，供电公司工作人员不会以无表为由拒绝您的正常业务申请。您是否存在委托他人代办的情况？可能是第三方人员转述过程中存在偏差，我们会安排工作人员立即跟您联系确认，请保持电话畅通。

3.4　窃电、违约用电应答话术

3.4.1　政策依据

（1）窃电行为

根据《供电营业规则》第一百零一条规定，窃电行为包括：

① 在供电企业的供电设施上，擅自接线用电；

② 绕越供电企业用电计量装置用电；

③ 伪造或者开启供电企业加封的用电计量装置封印用电；

④ 故意损坏供电企业用电计量装置；

⑤ 故意使供电企业用电计量装置不准或者失效；

⑥ 采用其他方法窃电。

（2）违约用电

① 擅自改变用电类别（在电价低的供电线路上，擅自接用电价高的用电设备或私自改变用电类别）；

② 擅自超过合同约定的容量用电；

③ 擅自超过计划分配的用电指标；

④ 擅自使用已经在供电企业办理暂停使用手续的电力设备，或擅自启用已经被供电企业查封的电力设备；

⑤ 擅自迁移、更动和擅自操作供电企业的用电计量装置、电力负荷控制装置、供电设施以及约定由供电企业调度的用户受电设备；

⑥ 未经供电企业许可，擅自引入、供出电源或者将自备电源擅自并网。

3.4.2 窃电和违约用电应答详细话术

问:为什么供电公司的人把我的电停了?

答:经查询,由于您存在窃电、违约用电行为,依据《供电营业规则》,对您实施停电。请您配合工作人员完成窃电或违约用电的处理,方可恢复用电。

附:《供电营业规则》第六十六条:在发供电系统正常情况下,供电企业应连续向用户供应电力。但是,有下列情形之一的,须经批准方可中止供电:

(1)对危害供用电安全,扰乱供用电秩序,拒绝检查者;

(2)拖欠电费经通知催交仍不交者;

(3)受电装置经检验不合格,在指定期间未改善者;

(4)用户注入电网的谐波电流超过标准,以及冲击负荷、非对称负荷等对电能质量产生干扰与妨碍,在规定限期内不采取措施者;

(5)拒不在限期内拆除私增用电容量者;

(6)拒不在限期内交付违约用电引起的费用者;

(7)违反安全用电、计划用电有关规定,拒不改正者;

(8)私自向外转供电力者。

有下列情形之一者,不经批准即可中止供电,但事后应报告本单位负责人:

(1)不可抗力和紧急避险;

(2)确有窃电行为。

问:对窃电量与窃电金额的计算不认可,如何处理?

答:供电公司对窃电量及窃电金额的认定,都是依照相关规定执行的,都是有严谨的计算过程。现场窃电证据的收集、表计校验的结果、窃电时间段的确定、具体窃电金额的计算,一整套环节流程均有相应的支撑材料,如您仍有疑问,可以联系工作人员与您现场核实计算。

问：供电公司的人把我家的东西搞坏了，如何处理？

答：经查询，您存在窃电、违约用电行为。如您对我们工作人员查处过程中造成的损坏存在异议，您可直接报警处理。

3.5 办理业务时间长应答话术

3.5.1 政策依据

《国家电网公司供电服务质量标准》及《国家电网公司供电客户服务提供标准》

(1)供电方案答复期限：居民客户不超过3个工作日，其他低压电力客户不超过7个工作日，高压单电源客户不超过15个工作日，高压双电源客户不超过30个工作日。

(2)对客户送审的受电工程设计文件和有关资料答复期限：自受理之日起，高压供电的不超过20个工作日；低压供电的不超过8个工作日。

(3)向高压客户提交拟签订的供用电合同文本（包括电费结算协议、调度协议、并网协议）期限：自受电工程设计文件和有关资料审核通过后，不超过7个工作日。

(4)城乡居民客户向供电企业申请用电，受电装置检验合格并办理相关手续后，3个工作日内送电。非居民客户向供电企业申请用电，受电工程验收合格并办理相关手续后，5个工作日内送电。

(5)供电抢修人员到达现场的时间一般为：城区范围45分钟；农村地区90分钟；特殊边远地区2小时。若因特殊恶劣天气或交通堵塞等客观因素无法按规定时限到达现场的，抢修人员应在规定时限内与客户联系、说明情况并预约到达现场时间，经客户同意后按预约时间到达现场。

(6)受理客户咨询时，对不能当即答复的，应说明原因，并在5个工作日内答复客户。

(7)受理客户服务申请后：

① 电器损坏核损业务24小时内到达现场；

② 电能表异常业务 5 个工作日内处理；

③ 抄表数据异常业务 7 个工作日内核实；

④ 其他服务申请类业务 6 个工作日内处理完毕。

（8）客户欠电费需依法采取停电措施的，提前 7 天送达停电通知，费用结清后 24 小时内恢复供电。

（9）受理客户计费电能表校验申请后，应在 5 个工作日内提供检测结果。

（10）对客户受电工程启动中间检查的期限，自受理客户申请之日起，低压供电客户不超过 3 个工作日，高压供电客户不超过 5 个工作日。

（11）对客户受电工程启动竣工检验的期限，自受理客户受电装置竣工报告和检验申请之日起，低压供电客户不超过 5 个工作日，高压供电客户不超过 7 个工作日。

（12）居民用户更名、过户业务在正式受理且费用结清后，5 个工作日内办理完毕。暂停、临时性减容（无工程的）业务在正式受理后，5 个工作日内办理完毕。

3.5.2　办理业务时间长应答详细话术

问：我之前申请办理新装，为什么到现在都没给我装表？

答：请问您当时办理新装的流程号或者户号是多少？

（1）客户无法提供

答：因为您无法提供具体的业务流程号或户号，我们无法准确帮您核准具体的业务办理进度，我们会安排属地供电公司工作人员与您联系。

（2）客户能够提供

答：查询系统已完成装表。请问您表后进户线是否已经安装？因为供电公司与客户的产权分界点是电表，表后线部分需要您自己出资购买，我们可以安排人员免费为您安装。

问:我之前到供电营业厅办理了更名业务,为什么到现在还没改?

答:经查询系统,无更名流程。请问您确定已经在营业厅亲自办理更名业务?是否存在资料提供不齐全,需要您补充的情况?我们会安排工作人员与您联系,请保持电话畅通。

问:我的电表被你们拆走校验,为什么至今没有告诉我结果?

答:为保证验表业务的公开和透明,表计装拆、校验客户可选择全程参与,可能是因为您选择了跟踪检定,但您因故未参与,故导致该项业务停滞。建议您安排时间配合我们共同完成校验业务,同时我们也会安排工作人员主动跟您联系。

3.6 居民线径更换应答话术

3.6.1 政策依据

(1)居民客户家中线径知识背景:居民客户线路更换需求多见客户房屋装修、改造、新增中央空调、电热地暖等大功率用电设备。

(2)居民客户电表线径问题应有所区别对待,应结合客户"用电合同容量"与"更换线径范围"综合考虑,再建议客户办理增容业务、自行更换表后线路。

(3)居民客户增容业务范围仅包括对表前进线、表前空开、电能表进行更换。居民客户增容业务完成后,应提醒客户及时更换相应的表后出线,否则增容将无法发挥作用。

3.6.2 居民线径应答详细话术

问:我家线径过细,需更换线路,如何处理?

答:请问您所说的线径过细是指表箱前进线还是表箱后出线?

(1)表箱前进线过细由供电企业免费更换

话术:您反映的情况应该是表箱前进线,由于该部分线路属于供电公司资产,我们将安排工作人员现场勘查后再予处理。

(2)表箱后出线过细由客户自行更换

话术:您反映的情况应该是表箱后出线,该部分线路属于客户资产,需要您自行购买更换。如您确需更换,可联系有资质的社会电工帮您处理。

客户在更换表箱后出线时,可能需要供电公司打开表箱或电表铅封,供电企业派员配合。

问:表后出线该如何配置,如何处理?

答:获取客户户号或表号,查看用户基本信息。

操作:查看"业务支持系统—用户基本信息查询—合同容量",根据客户"合同容量"与电表进线的基本配置关系作答。

处理原则:随着社会经济水平的发展,以往的线径配置与现有的线径配置会有所不同,所以客户直接询问线径大小时,应按以下经济电流密度计算出的线径基本配置答复。如果客户是近期刚办理过增容,需确认表前线径是否符合要求,就应参照问题 4 回答客户。

根据经济电流密度计算,建议配置为:

合同容量	线径截面
4kW 以下	4mm²
4kW~8kW	6mm²
8kW~13.2kW	10mm²

话术:根据您的电表合同容量,按照基本配置要求,您家的电表进线线径应是××,具体您可以请社会上有资质的电工帮您查看。为了保证您正常、安全用电,您可以参照您家中表前进线对表后出线进行配置。

3.7 分布式电源并网应答话术

3.7.1 政策依据

（1）分布式光伏发电的背景和定义

分布式光伏发电是指在用户所在场地或附近建设安装、运行方式以用户侧自发自用为主、多余电量上网，且以配电网系统平衡调节为特征的发电设施或有电力输出的能量综合梯级利用多联供设施。包括太阳能、天然气、生物质能、风能、地热能、海洋能、资源综合利用发电（含煤矿瓦斯发电）等。包含以下两种类型分布式光伏（不含小水电）：

第一类：10 千伏及以下电压等级接入，且单个并网点总装机容量不超过 6 兆瓦的分布式光伏。

第二类：35 千伏电压等级接入，年自发自用电量大于 50% 的分布式光伏；或 10 千伏电压等级接入且单个并网点总装机容量超过 6 兆瓦，年自发自用电量大于 50% 的分布式光伏。

（2）标杆电价选择：

1）全额上网项目

① 根据《国家发展改革委关于发挥价格杠杆作用促进光伏产业健康发展的通知（发改价格〔2013〕1638 号）》，2013 年 9 月 1 日后备案（核准），以及 2013 年 9 月 1 日前备案（核准）但于 2014 年 1 月 1 日及以后投运的"全额上网"项目执行 1 元/度的光伏发电上网标杆电价。

② 根据《关于完善陆上风电光伏发电上网标杆电价政策的通知（发改价格〔2015〕3044 号）》，2016 年 1 月 1 日以后纳入财政补贴年度规模管理的光伏发电项目，或 2016 年以前备案并纳入年度规模管理的光伏发电项目但于 2016 年 6 月 30 日以前仍未全部投运的全额上网项目执行 2016 年标杆上网电价（0.98 元/千瓦时电价）。

③ 根据《国家电网公司关于执行光伏发电陆上风电标杆上网电价政策的通知（国家电网财〔2017〕89 号）》，2017 年 1 月 1 日以后纳入财政补贴年度规模管理的光伏发电项目，或 2017 年以前备案并纳入年度

规模管理的光伏发电项目但于 2016 年 6 月 30 日以前仍未全部投运的全额上网项目执行 2017 年标杆上网电价(0.85 元/千瓦时电价)。

④ 根据《国家发展改革委关于 2018 年光伏发电项目价格政策的通知》(发改价格规〔2017〕2196 号),2018 年 1 月 1 日以后投运的执行 2018 年标杆上网电价(0.75 元/千瓦时电价)。

2)自发自用余电上网项目:

① 2018 年 1 月 1 日以前投运的分布式电源,上网电价执行当地燃煤发电机组标杆上网电价,度电补贴执行 0.42 元/千瓦时。

① 2018 年 1 月 1 日以后投运的分布式电源,上网电价执行当地燃煤发电机组标杆上网电价,度电补贴执行 0.37 元/千瓦时。

3.7.2 分布式光伏发电应答详细话术

问:我想自己搞光伏发电,为什么供电公司不允许我搞?

答:分布式光伏分自然人与非自然人两大类。自然人项目是指居民利用自有住宅及其住宅区域内建设的分布式光伏发电项目(不含自有耕地等),其余类型的项目均属于非自然人项目。自然人项目办理所需的材料较少,您携带房产、身份证等资料到当地营业厅即可办理;非自然人项目您还需从政府发改委等部门取得相应的备案文件、土地使用许可等材料。您希望办理的项目属于哪一类?

(1)自然人项目,资料递交后,供电公司说变压器不够用。

答:依据《光伏发电接入配电网设计规范》(GB/T 50865—2013)"发电系统接入电网的装机总容量原则上不宜超过上一级变压器额定容量的 25%"。如果您所在的台区前期光伏接入总容量已达到或超过配变总容量的 25%,为了保障电网的安全运行,将暂停光伏项目的接入。

(2)非自然人项目,政府不给备案,说供电公司要求的。

答:供电公司定期会对电网的光伏消纳能力进行评估,光伏并网容量严重超出电网正常消纳能力的地区,供电企业会及时向当地能源主管部门汇报,由地区发改委下发文件通知,调节光伏项目的备案、并网进度。例如 2018—2020 年亳州地区光伏消纳形势为红色预警,不具备再接纳新增装机能力。亳州市发改委和亳州公司联合发文《关于促进全市新能源产业有序发展的通知》(亳发改能源〔2017〕49 号)。从 2018 年 1 月 1 日起,全面暂停受理商业光伏发电项目。根据全省调峰能力提升和亳州电网外送断面增加情况,适时恢复商业光伏发电项目备案。

问:我光伏板已经安装很久了,怎么还没有给我并网?

答:分布式光伏项目必须经供电企业验收合格之后,才可以并网发电。您是否已经向供电公司提交验收并网申请?工作人员告知您的缺陷隐患是否已整改完成?如未整改,请您尽快完成整改处理,如您对具体的隐患缺陷存在疑虑,我们会安排工作人员与您联系解答。

问:装光伏的时候,人家说一度电可收一块多钱,为什么收到的钱没这么多?

答:请问您办理的光伏业务属于哪一类?全额上网、自发自用余额上网还是全部自用?

(1)全额上网

答:全额上网的项目执行光伏电站标杆上网电价,标杆电价由您的项目取得发改委备案的时间为准。项目备案时间不同,执行的标杆电价也不同。

其中燃煤机组标杆上网电价(0.3844 元/kWh)以内的部分,由当地省级电网结算。抄表次月即可发放;高出部分通过国家可再生能源发展基金予以补贴,该部分费用供电企业为代付方,具体发放的时间受政府部门拨款时间影响。

(2)自发自用余电上网

答:此类项目的费用由三部分费用构成。

度电国家补助部分(2017 年及以前并网项目为 0.42 元/kWh,

2018 年并网项目为 0.37 元/kWh），纳入国家补助目录的用户，待国家补助资金下拨后，由供电企业按照中央下拨的资金统一支付。

购电款部分，供电企业抄表后按照燃煤机组标杆上网电价（0.3844 元/kWh）进行结算发放。前期部分客户的抄表结算周期为一个季度，自 2018 年 6 月份起，安徽省所有光伏客户的抄表结算周期均为自然月，抄表后次月客户的购电款即可兑现。

地方财政补助部分，该部分费用标准以地区政府能源主管部门文件为准，费用由地区政府直接与客户结算。发放时间及金额需您自行与当地发改委联系核实。

您的费用兑现结果可能会受到政府部门发放时间等因素的影响，我们会安排属地供电公司工作人员帮您查询答复。

（3）全部自用

答：此类项目的收益仅包含发电补贴，待国家补助资金下拨后，由供电公司按照中央下拨的资金统一支付。如果地区性政策对您有相应的补贴，需您自行与当地能源主管部门联系核实。

问：供电公司光伏客户多长时间抄一次表，钱啥时候发？

答：前期各地区供电公司的光伏客户抄表周期未统一，部分公司光伏客户抄表结算周期为一个季度，2018 年 6 月以后，安徽省所有光伏客户的抄表结算周期均调整为自然月。抄表后的次月即可兑现供电企业负责支付的款项（购电款、自然人客户的国家补助等）。费用发放到位的时间可能受当地银行转款进度影响，存在一定的滞后。

请您提供具体的用电地址及发电客户编号，我们会联系工作人员向您答复。

3.8 验表应答话术

3.8.1 政策依据

验表是指校验供电企业装设的计量装置计量准确性的业务。

如:校验电能表、校验互感器。一般客户认为供电企业装设的计量装置计量不准时(如电表走得快),可以申请验表。

3.8.2 验表应答详细话术

问:我感觉家里这个月的电费太高,是不是电表走快了?

答:根据您所说的情况,经系统查询,您家本月电费确实高于同期,请问您家本月家中是否使用大功率电器或增加了电器使用的时间? 如是,电费自然增多。如果您仍有疑问,建议您前往当地营业厅申请电表校验。

问:验表需要缴纳什么费用吗?

答:目前校验电表是不需要缴纳任何费用的。

问:验表流程怎样? 我怎么知道校验结果? 需要多久?

答:您申请电表校验后,工作人员将上门拆表,将表带至计量校验室进行校验。一般受理电表校验申请后,5个工作日内验表出具检测结果,由营业厅人员将结果电话或短信告知。

问:我验表结果是正常,我觉得不准,是不是电表有问题?

答:目前供电公司是按国家法律、法规的规定,由各地政府质监部门授权,依法从事全省范围内的电能表检定、校准工作,接受政府计量行政管理部门的监督与考核,确保计量检定工作的公平公正。建议您对家里的用电设备进行排查,看看是否存在大功率用电设备? 如果存在,建议您先暂停使用大功率用电设备,观察一段时间家中的用电情况。

如您仍对表计校验存在疑义,您可以向当地供电部门提交校验结果有问题的证明材料,或者自行向上级法定计量检定机构申请复验电表。

问：校验结果是表计有问题，损失电费怎么处理？

答：如果校验表计存在问题，我们将根据误差值进行电量电费退补。工作人员会及时联系您，请您保持电话畅通。

3.9 线路变更应答话术

问：供电公司未经我同意，把线路装在我家墙上，能不能移走？

答：供电设备的安装、线路的走向是经过当地供电条件、电源点和负荷分布，并经您所属的村委会或其他政府部门现场勘查后共同确定的。并且供电线路属于公共设施，请您理解。具体问题，我们会安排工作人员与您联系。

问：供电公司已经改造，现场还有杆塔、线路未拆除，如何处理？

答：供电公司改造过程中对废弃线路、杆塔会及时拆除，请您确定目前遗留的线路是否为通讯、路灯等设备。我们会安排工作人员现场勘察后给您答复。

问：我家的墙面让供电公司的线路拉坏了，什么时候处理？

答：现场设备环境较复杂，线路的迁移改造涉及面较广，您反映的墙面损坏问题需经专业鉴定，我们会尽快安排工作人员与您联系处理，请您积极配合。

4. 供用电技术类

4.1 青苗赔偿应答话术

4.1.1 青苗赔偿的政策

在农网工程施工过程中，对线路走廊内非征用和租用土地上的建筑物、构筑物、林木、经济作物等造成不可避免的破坏而进行赔偿所发生的费用,或电缆线路工程施工中由于挖掘地面、路面等发生的赔偿费用,统称为线路施工赔偿费。青苗赔偿费,是施工过程中发生的对树木、庄稼损坏而补偿用户的一种赔偿费用。赔偿标准依照当地人民政府印发的相关文件执行。

4.1.2 青苗赔偿类相关问答

问:供电公司有权利砍伐我家的树木吗?

答:如果您家的树木在电力设施保护区内,可能危及电力设施安全的,电力企业有权依法依规进行清障处理。

问:供电部门砍伐我家树木,为什么没有提前告知?

答:为了保证电力设施的安全稳定运行,供电公司会依法对超过安全距离要求的树木进行清理。通常清理前,供电部门会报告当地政府或者村委会,由当地政府或村委会告知您,请您理解。

问:电力施工人员在建设过程中砍伐了我家的树木,是否赔偿?

答:(根据您的描述,您家砍伐的树木在电力设施保护区内。)新建架空电力电缆建设工程,需要砍伐的树木由建设单位按国家规定一次性补偿费用,并签订不再在通道内种植树木的协议。协议签订后,在依法划定的电力设施保护区内砍伐树木不支付任何费用。

答:(根据您的描述,您家砍伐的树木在电力设施保护区外。)因电力设施保护需要砍伐的树木,工程建设方会根据物价局核定的标准予以赔偿。您反映的情况我们已详细记录,我们会安排工作人员核实,协助您处理,请保持电话畅通。

问:施工损坏我田地秧苗,赔偿太少,如何处理?

答:电网建设引起的青苗赔偿标准是严格按照安徽省物价局规定执行,请您理解并配合。我们可以将您的诉求反映到相关部门并安排工作人员核实,协助您处理,请保持电话畅通。

4.2 电动汽车充换电设施用电报装应答话术

问:在哪办理电动汽车充换电设施? 需携带哪些资料?

答:您前往属地供电公司营业厅即可办理。

居民客户需提供居民身份证、固定车位产权证明或产权单位许可证明,物业出具同意使用充换电设施的证明材料。

非居民客户需提供身份证、固定车位产权证明或产权单位许可证明、停车位(库)平面图,物业出具允许施工的证明等资料。高压客户还需提供政府职能部门批复文件等证明材料。

问:电动汽车充换电设施办理流程是什么? 有无时间要求?

答:办理环节包括业务受理、现场勘查、供电方案答复、设计审查、竣工验收、签订合同及装表接电。

对各环节都有时限要求,具体是:现场勘查 1 个工作日内完成;答复供电方案自受理之日起低压客户 1 个工作日内完成,高压客户 15 个工作日内完成;受理设计审查申请后 10 个工作日内完成;

受理竣工验收申请后,低压客户 1 个工作日内完成,高压客户 5 个工作日内完成;装表接电工作时限:非居民低压客户 1 个工作日内完成,高压客户 5 个工作日内完成。

问:电动汽车充换电设施建设由谁投资? 充换电设施建设方要缴纳哪些费用?

答:客户充换电设施受电及接入系统工程由客户投资建设。对应用覆盖率达到一定规模的居住区,由供电公司新建低压配网,保证电动汽车充换电设施用电需求,供电公司受理充换电设施用电业务不收取任何服务费用。

问：我的电动汽车去充电桩充电，电价多少？

答：您在非营业性场所充电（如：居民小区或者在执行居民电价的学校、医院等）中设置的充电设施用电，在居民合表用户的电价 0.5853 元/千瓦时基础上，每千瓦时平段上浮 0.03 元，低谷下浮 0.25 元。

您在营业性的充电桩充电，经营企业可按照向物价局备案的价格向您收取电费和充换电服务费两项费用。

问：如何办理电动汽车充电卡，需要携带哪些资料？ 充电卡如何充值？

答：目前安徽省各地市均设置了电动汽车充电卡售卡营业厅，客户可直接前往办理。个人办理请提供身份证；企业办理请提供营业执照、法人代表身份证和代办人员身份证。办理时不收取充电卡成本费和押金，首次充值不低于 100 元。

4.3 供电施工损坏客户资产赔偿应答话术

问：电力施工结束，现场没有清理、路面没有恢复，如何处理？

答：根据您提供的情况，我们需要去现场核实是否是供电公司施工现场。我们将安排工作人员赴现场核实处理，请保持电话畅通。

问：施工现场没有清理导致的人身伤害，如何处理？

答：根据您提供的情况，我们需要去现场核实是否是供电公司施工现场。我们将安排工作人员赴现场核实处理，请保持电话畅通。

问：电力施工损坏了我的资产，如何处理？

答：根据您提供的情况，我们需要去现场核实是否是供电公司施工现场。我们将安排工作人员赴现场核实处理，请保持电话畅通。

4.4 破坏电力设施应答话术

4.4.1 电力设施保护条例

《电力设施保护条例》是供电企业开展电力基础建设、加强电力设施保护、规范供用电管理、维护供用电秩序等工作的重要法律法规。

4.4.2 破坏电力设施的相关问答

问:有人在电力设施附近搭建违章建筑,影响电力设施安全运行,如何处理?

(请客户提供该电力设施上标注的名称及编号、电力设施所处的地理位置、外力破坏情况等信息并详细记录。)

答:根据您提供的情况,我们将安排工作人员核实处理并与您联系,请保持电话畅通。

问:电力线路附近有施工队在施工,施工时使用了起重吊机、挖掘机等施工器械,会不会对电力线路有破坏,影响安全供电?

(请客户提供电力设施所处的地理位置、施工情况等信息并详细记录。)

答:根据您提供的情况,我们将安排工作人员赴现场核实并与您联系,请保持电话畅通。

问:通信运营商(移动、联通、电信、广电等)反映,供电公司剪断其线路,如何处理?

答:根据《电力设施保护条例》,通信、广播电视等线路不得与电力线路交叉跨越、搭挂,确需搭挂须经申请审核批准,签订协议后进行搭挂。根据您提供的情况,我们将安排工作人员赴现场核实,请保持电话畅通。

4.5 电动汽车充电应答话术

问:充电桩充电时,是否要求车型与充电桩相匹配?

答:目前安徽省正在运行的充电桩有三种类型:1. 交流充电桩适用于慢充。新国标交流充电桩可供国标车辆及江淮5～6代车充电;非国标交流充电桩可供江淮1～4代车充电。2. 直流充电桩适用于快充,可供国标快充车辆(有直流接口)及江淮4～6代车充电;3. 公交专用充电桩适用于电动公交车专用。

问:充电卡是不是适用于所有充电桩?

答:充电卡目前分为新国标卡和非国标卡,新国标卡只能在新国标交流充电桩充电,非国标卡只能在老充电桩上进行充电。

问:电动汽车充电卡是否可以挂失、补办?

答:实名制充电卡可挂失、补办。办理时应提供充电卡号、实名制认证信息。挂失办理24小时后生效,挂失7天后可以办理补卡。

充电卡为非实名制的,不能挂失、补办。

问:电动汽车充电卡挂失、补办是否收取费用? 挂失了,卡内的余额如何处理?

答:电动汽车卡挂失、补办不收取费用,但需充值不低于100元。补卡后,可到发卡省所辖营业厅将系统记录的挂失卡余额转至新卡。

问:电动汽车充电卡是否可以销卡? 余额如何处理?

答:充电卡是有灰锁记录的,应联机解扣,再办理销卡。正常使用的充电卡可直接办理销卡。销卡暂只在发卡省内所辖营业厅办理,办理时应提供充电卡、实名制认证信息。销卡时,卡内余额退至开卡人银行账户,退款在15日内到账。

充电卡遗失或信息不可读取的不可以办理销卡业务。

问:电动汽车充电卡被锁住无法使用如何处理?

答:当充电卡存在未结算记录、违规操作充电桩时,会形成灰锁不能使用,用户可通过任意联机的充电桩或到营业厅办理联机解扣。

问:电动汽车充电卡能否一卡多充? 能否同时充几辆车?

答:充电卡可以一卡多充,但不能同时充几辆车,必须在一辆车的充电操作结束后,再充其他车辆,否则会造成锁卡。

问:异地能否进行电动汽车充电卡充值?

答:能。在国家电网公司指定的售卡营业厅购置的电动汽车充电卡,可在全国范围内所有售卡营业厅办理充值业务。

问:个人客户充电卡充值,如何开具发票?

答:个人客户充电卡充值时不立即开具发票。实际充电后3个月内可申请开具增值税普通发票或者增值税专用发票,开具增值税专用发票需提供开票单位营业执照、开户许可证及增值税一般纳税人发票信息。实名制客户可通过"e充电"网站申请开票,也可在营业网点申请开票;非实名制客户只能在营业网点申请开票。发票由国网电动汽车公司统一开具并免费邮寄。

问:单位客户充电卡充值,如何开具发票?

答:单位客户充电卡充值时可开具增值税普通发票,开具部分不能退费。

单位客户实际充电后3个月内可申请开具增值税普通发票或者增值税专用发票,开具增值税专用发票需提供开票单位营业执照、开户许可证及增值税一般纳税人发票信息。可通过"e充电"网站申请开票,也可在营业网点申请开票。发票由国网电动汽车公司统一开具并免费邮寄。

问：充电桩出现故障如何解决？

答：由供电公司投资建设的充电桩可直接联系电动汽车服务公司，由电动汽车服务公司，安排人员解决。联系电话为：010－52617590、010－52617591、010－52617592

问：充电时遇到黑屏现象无法结算如何处理？

答：您可以直接断开充电插头驾车离开。系统会扣除全部预设金额，多扣除的部分会在三个工作日内自动返还。

4.6　电力设施安全距离应答话术

4.6.1　电力设施安全距离相关概念

(1)不同电压等级最小安全距离

在一般地区各级电压导线的边线延伸距离如下：

① 1 千伏～10 千伏，5 米；

② 35 千伏～110 千伏，10 米；

③ 220 千伏，15 米；

④ 500 千伏，20 米。

(2)最大风偏情况下距建筑物的水平安全距离

电压等级	在计算最大风偏情况下距建筑物的水平安全距离
1 千伏以下	1.0 米
1 千伏～10 千伏	1.5 米
35 千伏	3.0 米
110 千伏	4.0 米
220 千伏	5.0 米
500 千伏	8.5 米

（3）输配电线路与建筑物之间的最小垂直距离

电压等级	0.4kV 及以下	10kV	35kV	110kV	220kV	500kV
垂直距离(m)	2.5	3	4	5	6	9

（4）导线与建筑物之间的最小垂直安全距离

输配电线路与建筑物之间的最小垂直距离						
电压等级	0.4k 及以下	10kV	35kV	110kV	220kV	500kV
垂直距离(m)	2.5(2)	3(2.5)	4	5	6	9

注：0.4kV 及以下和10kV 的垂直距离中，括号内为绝缘导线数值。35kV 及以上的为导线垂直距离。

（5）各电压等级导线与地面的最小距离

线路经过地区	线路电压(kV)					
	1k 以下	1～10	35～110	154～220	330	500
居民区(m)	6	6.5	7.0	7.5	8.5	14.0
非居民区(m)	5	5.5	6.0	6.5	7.5	11.0(10.5)
交通困难地区(m)	4(3)	4.5(3)	5.0	5.5	6.5	8.5

注：①居民区是指工业企业地区、港口、码头、火车站、城镇、乡村等人口密集地区，以及已有上述设施规划的地区。

②非居民区是指除上述居民区以外，虽然时常有人、车辆或农业机械到达，但未建房屋或房屋稀少的地区。

500kV 线路对非居民区 11m 用于导线水平排列，10.5m 用于导线三角排列。

③交通困难地区是指车辆、农业机械不能到达的地区。

1kV 以下及 1kV～10kV 对交通困难地区，括号内为绝缘线数值。

（6）表箱与地面的安全距离

① 嵌入式为表箱下沿距楼面(地面)1.4～1.6m 之间。

② 明装为表箱下沿距楼面(地面)1.6～1.8m 之间。当安装在专用计量小室、配电所时，可采用明装方式。安装高度为电能计量箱下沿距楼面(地面)大于 1m。

（7）导线与地面的最小安全距离

地区	线路电压					
类别	1kV～10kV	35kV～110kV	220kV	330kV	500kV	750kV
居民区	6.5m	7m	7.5m	8.5m	14m	19.5m
非居民区	5.5m	6m	6.5m	7.5m	11(10.5)m	15.5(13.7)m
交通困难地区	4.5m	5m	5.5m	6.5m	8.5m	11m

（8）城网10千伏配电线路与建筑物的安全距离

10kV电压等级导线在计算导线最大风偏情况下，与建筑物的水平安全距离是1.5米、垂直距离是3米。

4.6.2　电力设施安全距离相关问题

问：变电站离我家房屋距离过近，是否有辐射？

答：供电公司变电站的新建须通过环保部门认可的环境评测后方可建设，不会对居民的生活产生影响。请您放心，如果您仍有疑虑，可请环保部门进行实地检测。

问：变压器离我家房屋距离过近，是否有辐射？

答：变压器在选址时经过了规划部门的批准，符合中华人民共和国电力行业标准。变压器工作时的微量电磁波会被变压器外壳屏蔽，对您的正常生活不会造成影响。如果您仍有疑虑，可请环保部门进行实地检测。

问：供电线路/电线杆/变压器距离我家房屋太近，能不能移走？迁移费用由谁承担？

答：供电线路/电线杆/变压器建设时均经过规划部门的批准，符合中华人民共和国电力行业标准。如果您确实觉得供电线/电线杆/

变压器路妨碍您的生活,需要将其迁走,建议您向当地供电所提出申请,供电公司赴现场勘察后予以答复。一般来说迁移产生的相关费用需由申请人承担。

问:道路拓宽后,电杆影响交通,能否移走? 如能移走,迁移费用由谁承担?

答:配合市政道路建设的电杆升迁工程有统一的规划。村民自筹自建的道路拓宽可向村委会反映,由村委会统筹规划后向当地供电所提出杆线迁移申请,供电公司赴现场勘察后予以答复。一般来说迁移产生的相关费用需由申请人承担。

问:我要新建的房屋离高压线比较近,是否存在安全隐患?

答:根据电力设施保护条例,新建房屋与高压线的距离要满足安全要求。根据您提供的情况,我们将安排工作人员赴现场核实予以答复,请保持电话畅通。

4.7　农网改造费用问题应答话术

4.7.1　农网改造知识点

为适应农村用电需求快速增长的趋势和统筹城乡发展的要求,提升农网供电可靠性和供电能力,提出了农网改造及农网改造升级工程。农网改造工程涉及面广、工程量大,通常由第三方施工单位承建,施工单位在施工过程中涉及的人员服务行为、服务规范、服务态度等均由第三方施工单位负责。

4.7.2　农网改造相关问答

问:为什么有的地方农网改造,有的地方不改?

答:农网改造根据国家相关规定及供电设备状况统筹安排,根据您提供的情况,我们将安排工作人员赴现场核实予以答复,请保持电话畅通。

问:农网改造是否收取客户费用?

答:农网改造一般不收取客户费用,但表后线及设施材料由客户出资,供电部门可以免费协助客户改造。

问:我们这里为什么农网改造中途停工?

答:农网改造依计划统筹进行,中途停工的情况一般是恶劣天气影响,或者是施工环境不允许,比如民事阻挠。根据您提供的情况,我们将安排工作人员赴现场核实予以答复,请保持电话畅通。

问:农网改造过程中有村民阻挠,如何处理?

答:按照农网改造的要求,农网改造民事协调的工作由当地政府或村委会负责。

问:农网改造电杆没经过我同意立在我家门口,能不能移走?

答:农网改造是一项惠民工程,促进了城乡统筹发展,农网改造项目的规划、设计、施工都有统一的规划和安排。杆位的确定经过村委会同意,一般不得随意更改。具体情况可咨询村委会。

4.8 废弃杆塔处理应答话术

问:供电公司的废弃电杆为什么没移走?

答:根据您提供的情况,我们需要去现场核实是否是供电公司施工现场。我们将安排工作人员赴现场核实予以答复,请保持电话畅通。

问:电力工作人员答应移走废弃电杆,为什么还没移走?

答:由于整个工程还在建设中,相关的电力物资还在现场,施工结束后,相关人员会统筹安排。根据您提供的情况,将安排工作人员与您联系,请保持电话畅通。

5. 故障报修类

5.1 低压购电客户停电应答话术

问:我是卡表客户,家中停电了,怎么回事?

答:您好,经查询,系统显示您的购电卡已经欠费,请您尽快充值。

问:我是低压购电客户,我家停电了,如何处理?(客户未欠费)

答:根据您的描述,您家可能是电表故障或是接线问题。我们将安排工作人员为您抢修,请您保持电话畅通。

5.2 低压一户停电应答话术

问:(欠费客户)我家停电了,怎么回事?

答:系统显示您是欠费停电,请您尽快缴纳电费,在电费结清后,工作人员会为您尽快恢复供电。

问:(故障客户)我家停电了,怎么回事?

(根据客户描述初步判定为客户内部故障)答:您家停电是因为您家的线路内部故障,请您联系社会上有资质的维修人员或拨打114查询社会电工予以处理。

(根据客户描述无法判定故障原因)答:我们将为您安排工作人员赴现场查看,请您保持电话畅通。如果现场查看属于内部故障,请您联系社会上有资质的维修人员或拨打114查询社会电工予以处理。

5.3 高压一户停电应答话术

问:我是高压客户,我们这一户停电了,能不能帮我们恢复供电?

答:专变客户内部故障停电不属于供电公司抢修范围,请您自行联系有资质的单位或人员来维修。

问:单位变压器故障,能不能推荐一个施工单位帮我们维修?

答:您是专变客户,变压器产权归您所有,请您自行联系有资质的单位维修,施工单位您可通过能监局网站查询、选择。

问:我是高压客户,请问一定要装分界开关(看门狗)吗?

答:是的,需要安装。因为一旦高压客户发生故障便会冲击上级电网或引发整条 10kV 线路停电,高压客户装了分界开关后,可以有效防止故障停电范围扩大。

5.4 多户停电应答话术

问:为什么我家这片又停电了?

答:请您详细描述一下停电的时间和区域,我帮您核实一下停电原因,如果属故障停电,我们将安排人员尽快赴现场抢修,请您保持电话畅通,耐心等待。

问:一到夏天我们这里就经常跳闸停电? 什么时候可以恢复供电?

答:近期持续高温,用电负荷不断攀升,可能会造成部分电压不稳定,线路出现短暂的跳闸现象。根据您描述的情况,我们将立刻联系抢修人员与您联系处理,请您保持电话畅通。

5.5　电能质量应答话术

问:我们这里夏季(冬季)用电高峰期间电压不稳/电压偏低,如何处理?

答:近期当地持续高温(寒冷),用电负荷不断攀升,可能会造成部分电压不稳定。根据您描述的情况,我们将安排相关人员与您联系核实,请您保持电话畅通。

问:我家电压有时过高,有时忽高忽低,怎么回事?

答:根据您描述的情况,可能是您家大功率电器设备使用导致。为避免造成设备因高电压而被烧毁,请您暂停大功率电器的使用。我们将安排相关人员与您联系核实,请您保持电话畅通。

问:我家电压很低,怎么回事?

(详细询问客户家用电地址、联系方式、电压低的时间段及现象)

答:根据您描述的情况,可能是因为季节性用电高峰导致短暂性的大功率电器无法使用的现象。我们将安排相关人员与您联系核实,请您保持电话畅通。

5.6　线路故障、变压器故障应答话术

问:我们这里出现变压器故障,如何处理?

详细询问客户地址、联系方式、故障现象(令克掉/缺相/被盗/漏油/冒火花/灭弧罩烧坏/有异物/外力损坏/低开跳/瓷瓶损坏),属供电公司资产或无法分清资产归属时:

答:根据您反映的情况,我们将通知工作人员前去核实处理,请您保持电话畅通。

问:我是高压客户,我们变压器出现故障,如何处理?

答:您是专变客户,变压器产权归您所有,请您自行联系有资质

的单位维修,施工单位您可通过能监局网站查询、选择。

5.7　窨井盖缺失、损坏应答话术

问:这边有窨井盖丢了或损坏,如何处理?

答:窨井盖一般属于市政部门施工维护,根据您反映的情况,我们将通知工作人员前去核实处理,请保持电话畅通,建议您同时报警处理。

问:窨井盖没盖好,摔伤了,如何处理?

答:窨井盖一般属于市政部门施工,根据您反映的情况,我们将通知工作人员前去核实处理,工作人员会与您联系,请保持电话畅通,建议您同时报警处理。

5.8　电力设施噪音应答话术

5.8.1　电力设施噪音知识点

变压器的噪音主要来源于工作时,铁芯的磁滞涡流伸缩形变和绕组及油箱因电磁力的振动所引起的。根据《中华人民共和国城市区域环境噪声最高限值》规定,属于居住、文教机关的一类标准为昼间 55 分贝、夜间 45 分贝。属于居住、商业、工业混杂区的二类标准为 60 分贝、夜间 50 分贝。

5.8.2　电力设施噪音相关问题

问:我们家附近的变压器噪音太大,能不能搬走?

答:变压器的选址、安装都通过环评测试,符合安全距离要求,达到环保标准。根据您反映的情况,我们将通知工作人员前去核实处理,工作人员会与您联系,请保持电话畅通。

5.9 计划停电时间更改应答话术

问：为什么通知的××点送电，到现在还没恢复供电呢？

答：因为施工现场比较复杂，本次计划停电延期至××点，供电公司已再次公告，请您耐心等待，给您带来的不便，请谅解。

问：为什么计划停电，现在又不停了？

答：（根据计划停电变更的信息）因为××原因，本次计划停电延期至××点，供电公司已再次公告，给您带来的不便，请谅解。

问：为什么计划停电提前来电了？ 会不会再停电？

答：（根据计划停电信息）因为施工人员的努力，原计划××点结束的工程已提前完成，供电公司已再次公告，本次计划停电已结束，不会再停电。

5.10 春灌购电客户停电应答话术

问：（欠费春灌购电客户）我这块浇地停电了，怎么回事？

答：您好，经查询，系统显示您是欠费停电，请您尽快持卡缴费。

问：（故障春灌购电客户）我这块浇地停电了，怎么回事？ （客户未欠费）

答：根据您的描述，初步判定是电表故障或接线问题。我们将安排工作人员赴现场查看，请您保持电话畅通。

5.11 远程费控客户停电应答话术

问：我是远程费控客户，预存过电费，怎么停电了？

答：系统显示您的预存余额不足，已达到停电阈值。建议您尽快缴费，缴费后请您等待15～30分钟，系统将自动恢复供电，若系统复电不成功,请直接拨打您所在台区客户经理电话,或与我们联系,我们将安排工作人员尽快帮您恢复供电!

问:我是远程费控客户,刚收到欠费停电短信就交了电费,为什么还没有来电?

答:根据您反映的情况,我们将通知工作人员现场核实处理,工作人员会与您联系,请您保持电话畅通。

5.12 家电赔偿应答话术

5.12.1 家电赔偿知识点

(1)家电赔偿工作的主体责任单位是保险公司。

(2)从家用电器损坏之日起7日内,受害居民客户未向供电企业申请并提出索赔要求的,即视为受害者已自动放弃索赔权。超过7日,供电企业不再负责其赔偿。

(3)供电企业在接到居民客户家用电器损坏的服务申请后,应联系保险公司在24小时内派员赴现场进行调查、核实。

5.12.2 家电赔偿的相关问题

问:我们家家电烧坏了(超过7天),如何处理?

答:根据《居民用户家用电器损坏处理办法》第七条,您应该在家用电器损坏7日内,向供电企业提出索赔要求,超过7日,视为您自动放弃索赔权,供电企业不再负责赔偿。

问:我们家家电烧坏了(7天以内),如何处理?

答:根据您反映的情况,我们将通知工作人员现场核实处理,工作人员会与您联系,请保持电话畅通。

问:我们家家电赔偿为什么还没到位?

答:根据您描述的情况,供电公司已协助保险公司完成了现场核损工作,赔偿没到位的主要原因要问保险公司。我们将通知工作人员协助您做好索赔工作,工作人员会与您联系,请保持电话畅通。

问:我们家家电赔偿为什么这么少?

答:按照《居民用户家用电器损坏处理办法》,对可修复的进行修复处理。对不可修复的进行赔偿。6个月以内的,按原价赔偿;6个月以上的,按折旧后的价格赔偿。赔偿金额的多少以及兑现都由保险公司负责。

问:家电赔偿过程中的工作人员态度不好、推诿,如何处理?

答:家电赔偿工作的主体责任单位是保险公司。您提出家电损坏赔偿要求后,供电公司工作人员会在24小时内联系保险公司工作人员现场核损,从现场核查开始,所有家电赔偿工作是保险公司负责。根据您反映的情况,我们将通知工作人员协助您与保险公司加强沟通,工作人员会与您联系,请保持电话畅通。

5.13 开表箱应答话术

问:我家内部有故障,我想停电处理下,可以打开表箱吗?

(表前安装了空气开关)答:您直接断开自家电表前空气开关即可处理,不用打开表箱。

(表前未装空气开关)答:根据您反映的情况,我们将通知工作人员前去核实处理,工作人员会与您联系,请保持电话畅通。

问:我们这的电表箱没有上锁,要不要上锁? 表箱门经常被风吹的直闪,如何处理?

答:表箱门需要上锁或者加封。根据您反映的情况,我们将通知工作人员核实处理,工作人员会与您联系,请保持电话畅通。

5.14 春灌停电应答话术

问:浇地一户停电了,如何处理?

答:春灌浇地用电设备不属于供电公司产权,请您联系村里负责春灌农排的人员联系处理。

问:浇地一片停电了,如何处理?

答:春灌浇地用电设备不属于供电公司产权,请您联系村里负责春灌农排的人员联系处理。

5.15 限电应答话术

5.15.1 限电知识点

由于连续出现高温天气、电厂燃煤供应不足、部分机组运行不稳定等诸多不利因素造成全省出现较大的负荷缺口,根据省经济及信息化委员会、省电力公司的统一要求,按照政府批复的预案进行错峰限电工作,从而保证经济平稳发展。

5.15.2 限电相关问题

问:限电可不可以多提前一点时间通知?

答:《有序用电方案》是经过当地政府批准下发,执行前经过广泛宣传贯彻。电力调控人员在用电高峰时,24 小时值守,随时关注并发出限电信息,所以限电信息一般只能在限电前 30 分钟发出,请您谅解。

问:你们的负荷不能满足正常用电,可不可以提高限额保证我们的供电?

答:供电公司所给限额在《有序用电工作责任书》已有体现。您如确实需提高限额，请向当地经济及信息化委员会（或发改委）提出申请，经批准后供电公司将执行。

问：限电何时结束？

答：由于当前电力供需平衡存在诸多不确定因素，供电公司根据政府授权执行限电操作，电网运行情况有所好转，限电将立刻解除。

问：限电给我们造成了损失，能不能赔偿？能不能解除限电？

答：限电给您生产、生活带来的影响供电部门不能弥补和赔偿。供电部门是按照政府批复的预案执行，是为了保证电网安全稳定运行。供电部门不能解除限电，如限电户都要求不受控制，电网很有可能因此瓦解，请您理解支持。

问：我是大工业客户，因为限电影响，我本月实际负荷低于40％，却要按40％缴纳基本电费，这样合理吗？

答：根据《供电营业规则》第八十四条规定"事故停电、检修停电、计划限电不扣减基本电费"，所以按照40％收取基本电费是合理的，请您理解。

问：我们这里限电后，造成电梯关人、行车吊在半空这些紧急情况，需要你们赶紧送电。

（立即联系工作人员进行处理，并同时向领导汇报。）

答：我马上向上级汇报，联系工作人员紧急处理，请保持电话畅通。

5.16 频繁停电要点业务应答话术

问：我家里部分有电，部分无电，如何处理？

答：根据您的描述，停电原因是您内部故障，建议您联系有资质的电工为您排查维修。

问:我家用电出现内部故障,找不到有资质电工,如何处理?

答:内部故障不属于电力公司维护范围,您可以拨打114(查询台电话)咨询相关专业人员帮您处理。

问:我们这块多户停电了,如何处理?

答:根据您反映的情况,我们将通知当地供电公司前去核实处理,如果是供电公司资产故障,我们将负责维修;如果是客户内部故障,需要自行联系有资质的电工排查维修,请保持电话畅通。

问:电力设备故障引起的停电,为什么没有提前通知我们?

答:突发性故障无法预计,所以供电公司确实无法做到提前通知客户,请您理解。供电公司已组织人员正在现场全力抢修,抢修完毕会立刻送电,请您耐心等待。

(二)难点业务话术

1. 回答媒体来电话术

问:(1)满意度调查。

(2)要求采访省公司或属地单位。

(3)媒体来电帮助电力客户反映真实问题或进行问题催办。

(4)要求采访国家电网公司。

(5)新闻媒体、电监会、统计调查等监管单位对服务质量进行暗访,并在通话结束阶段亮明身份。

对明确提出采访要求的电话,转由班长及以上岗位专家座席受理。

答:针对您的问题现在转由我们××(主管/值班长)接听您的电

话。请您不要挂机稍等,谢谢。

答:(1)满意度调查

① 对服务质量表示满意

答:感谢您对我们服务工作的监督,我们将不断努力,给您提供更优质的服务。

② 对服务质量表示不满意

答:感谢您对我们服务工作的监督,我们将不断学习和改进,欢迎您继续对我们的工作进行关心和指导,不到之处请谅解。

(2)对省公司或属地单位进行采访联系

答:尊敬的××,您好。您所反映的问题我们很重视,会在第一时间将您的诉求告知相关部门,请您保持电话畅通,将有专业工作人员与您取得联系。

(3)反映真实问题或进行问题催办

答:感谢您对我们工作的监督。您反映的问题将在第一时间向供电单位进行反映/目前问题处理进度是××,我们也将向处理单位进行催办,一有结果立即给您回复。请您保持电话畅通。

(4)要求采访国家电网公司

答:尊敬的××,您好。您可直接拨打国家电网公司对外联络部电话010—66598607,会有专业工作人员为您安排相关事宜。

(5)对服务质量表示满意:感谢您对我们服务工作的监督,我们将不断努力,给您提供更优质的服务。

对服务质量表示不满意:感谢您对我们服务工作的监督,我们将不断学习和改进,欢迎您继续对我们的工作进行关心和指导,不到之处请谅解。

2. 不合理诉求来电处理话术

问:(1)你手机号码多少,什么时候方便联系你? 我不咨询用电问题,就想问问你什么时候有空吃个饭。

(2)我对你们现在的电力法规,营业政策不满。

(3)你们这样就算是处理完了吗? 给我重新安排人过来。

(4)××××(不文明用语,谩骂客服专员)

答:(1)很抱歉,手机号码属于个人隐私,不能告诉你,请您谅解。我是热线客服人员,只能解答您关于用电方面的问题。

(2)电力法规属于国家颁布的法律规定,营业政策属于企业规定,如果您在用电过程中有任何不满,可以告诉我,我来帮您向相关部门反映。

(3)根据前期工单内容判断客户是否有新诉求。如果客户有新诉求,根据客户诉求,派发工单。

(4)如前期没有工单,客户来电使用粗俗语言对客服专员进行谩骂滋扰,客服专员使用礼貌用语场景由"两次提醒"改为"一次提醒后无效,可直接进行挂机",且应用场景扩大至客户放弃原有诉求转而向客服专员进行人身攻击。

提醒话术:××,请您注意用语文明。这里是全程录音的服务热线电话,请注意您的言辞/使用文明用语/自重。如果您继续这样下去的话我们将无法为您服务!

挂机话术:由于您的不文明用语影响我们对您用电诉求的掌握,造成我们无法为您提供进一步服务。当前我们电话服务资源有限,还有多名客户呼叫等待。再见!

3. 触电伤亡话术

(详细询问触电人员情况、触电时间、触电地址、触电经过、联系方式等)

问:我们这有人触电了,如何处理?

答:根据您反映的情况,我们将通知当地供电公司前去核实处理,工作人员会与您联系,请保持电话畅通,建议您同时报警处理。

问:我们这有人触电伤亡,如何赔偿?

答:根据您反映的情况,我们将通知当地供电公司和您联系,请保持电话畅通。同时建议您走司法程序。

4. 方言较重客户来电话术

问:我想咨询××问题。

答:很抱歉,我听不懂您的方言,您可以讲普通话吗?

问:××。

(1)客户讲普通话。直接回答。

(2)客户不会讲普通话

答:很抱歉,我听不懂您的方言,您身边有会讲普通话的人吗?

问:××。

(1)周围有会讲普通话的人

(2)周围没有会讲普通话的人

答:(1)您反映的××问题需要××处理。

(2)非常抱歉,我听不懂您的方言,我们会安排当地的工作人员与您联系。

5. 反映地市电话无人接听处理话术

问:我打你们××地市的电话,怎么一直没有人接?

答:请问您拨打××地市电话是想反映什么问题?

问：××。

(1)客户诉求在95598服务范围内。

答：目前,95598电话是国家电网公司对外提供服务的热线电话,如您有用电问题需要反映,我们可以为您提供帮助。

(2)客户诉求不在95598服务范围内。

答：很抱歉,您反映的问题不在95598电话服务范围内。

6. 非国网直供客户咨询停电、交电费等业务处理话术

问：我想问一下,我家的电费是交给物业小区、电厂或其他单位的,如果停电了,可以打你们的抢修电话吗？

答：可初步判断您为物业公司、电厂管辖的非国网直供户,您应该找所属供电单位自行处理。

问：我的电费能在你们供电公司的收费窗口交纳吗？

答：非直接供电客户应将电费缴纳到个人、物业或后勤管理单位,也无法取得相应的电费发票。

问：你们的电价是多少钱一度？为什么我们的电费这么高？

答：目前安徽省范围内低压居民用电的电度电价为0.5653元/千瓦时,商业用电的电度电价为0.6892元/千瓦时(电价根据当前最新标准答复)。您的电价高是因为您目前不是我们供电公司的直接供电客户(直供户),电价中一般承担了一部分转供方的附加电价值。

问：但是这电也来源于你们供电公司,对于这样的高电价,你们为什么不管？

答：首先,供电公司作为企业,会严格按照政府物价部门的定价收取电费。但您的供用电合同关系,是与您的电力转供方建立与签订的,因此建议您与供电方协商处理此事。其次,电作为一种特殊的

商品,此时相当于已被二次加价销售。这已经超出了供电公司监管能力范围。因此,建议您可向您的供电方协商解决。

问:如果我想直接在你们供电公司申请转表用电,可以吗?

答:各地市非供电公司直供户申请成为供电公司直供户相关事项有差异,须按地市差异答复,具体详见《非供电公司直供户申请成为供电公司直供户相关事项》。

二、通用类话术

（一）迎峰度夏常见问答

问：天气这么热，为什么我家停电了？

答：因近期出现的高温天气，用电负荷上升较快，部分电力设施出现故障，现工作人员正在全力组织抢修，会尽快恢复供电，请您耐心等待。

问：为什么夏季期间频繁跳闸？

答：因为今年入伏以来持续高温，用电负荷不断攀升，部分电压不稳定，可能出现频繁跳闸的情况，十分抱歉给您的生活带来不便，我们将立刻联系抢修人员上门，为您解决问题，保证您日后的正常用电，感谢您的谅解。

问：什么时候可以恢复供电？

答：您好，工作人员正在现场进行故障抢修，具体送电时间暂时无法确定，请您耐心等待。

问：停电这么长时间，为什么一会儿有电一会儿又没电，会对电器有伤害么？

答：您好，目前故障正在抢修当中，在故障排查中可能会出现这种情况，等故障完全修复后就会恢复正常供电，请您耐心等待。这种情况一般不会对家用电器有所损害,如果您担心电器设备安全,您可断开家用电器电源,感谢您的理解和支持。

问:为什么我们这里的电压不正常啊,电器都带不动?

答:因近期出现的高温天气,用电负荷上升较快,部分电力设施出现故障,造成电压异常,现工作人员正在全力组织抢修,会尽快恢复正常用电,请您耐心等待。

问:为什么电压不稳的问题一直没有解决?

答:因为今年入伏以来持续高温,空调用电增加,用电负荷不断攀升,所以出现了短期低电压现象,十分抱歉给您的生活带来不便,我们将立刻联系抢修人员上门处理您反映的低电压情况,为您解决问题,保证您日后的正常用电,感谢您的谅解。

问:因为停电,我家的鱼死了(冰箱里东西坏了、文件丢失、营业额损失),你们负责赔偿吗?

答:您好,停电给您生活带来的不便,我们深表歉意,您的心情我们非常理解,您反映的家用电器、鱼、食品、药品等的损坏,我们将记录您的详细情况,由工作人员前往现场核实处理,请您理解。

(二)迎峰度冬常见问答

问:为什么这段时间我家电量突增?

答:经系统查询到,您家之前用电情况正常,可能是由于用电时节,抄表周期、计量装置更换的原因导致您的电费电量的增加。请问您家最近家里是否有亲朋好友入住,是否因冬季新增大功率家用电器(空调、取暖器等)以及房屋承租人发生变化的情况?

问:冬季电量突增,能否上门帮我查看?

答:经过初步判断,可能是由于其他原因导致您电费电量的增加。建议您联系有资质的电工将家中空气开关断开,关闭家用电器后,查看电表是不是继续走字。如果需要,我们可以安排工作人员到现场查看。判断属供电公司资产故障我们负责为您检验,判断属客户资产故障建议您联系当地质量技术监督部门检验。

(三)恶劣天气常见问答

问:为什么一下雨/下雪就停电?

答:您所在地区出现局部大暴雨/大暴雪,预计雨雪天气仍将持续,可能造成配网设备故障停电。目前工作人员正在全力组织抢修,请您谅解。

问:什么时候可以恢复供电?

答:受恶劣天气影响,故障点较多、较复杂,工作人员正在故障现场处理,具体送电时间暂时难以预估,请您谅解!

问:故障位置在什么地方?

答:经查询,您所在的地方是××点××分停电,您反映的问题工作人员已在现场全力排查故障,具体故障点可能不在您的视线范围内,一旦抢修完毕会立刻送电。十分抱歉给您的生活带来了不便,感谢您的理解。

问:把抢修人员电话给我,或者让抢修人员给我回电

答:您好,您反映的情况我们非常重视,我们的工作人员都在现场抢修,您的诉求我们会及时为您传递,请您耐心等待。

问：为什么还没有恢复供电(客户催办)？

答：您现在的心情我完全理解。因此给您带来的不便，我们深表歉意，工作人员已尽全力抢修，但因天气原因，现场抢修条件恶劣、故障停电区域较多，进展缓慢，暂时无法确定修复时间，我们会抓紧催促，请您耐心等待，感谢您的理解。

三、差异类话术

（一）亳州艾滋村客户应答话术

1. 知识背景

安徽省亳州市利辛县城北镇、望疃镇、中疃镇、旧城镇等区域为艾滋病患者集中居住乡镇，有艾滋病用电户共653户。此部分特殊群体及其他以艾滋病为借口的正常用电客户，给供电公司的电费回收及日常服务带来了较大难度。

2. 应答具体话术

问：我有艾滋病，政府承诺用电不缴钱，供电公司怎么还收钱？

答：请您提供一下您的用电户号？

客户：户号是×××

（经查询，客户非艾滋病用电户）尊敬的客户，您好！经过核实，您并不在当地政府部门核准的艾滋病用电户范围。依据电力法及供电营业规则，客户在享受用电权利的同时，也需承担及时缴纳电费的义务。如您逾期未缴纳电费，供电公司有权按照相关管理规定，终止您的用电。

（经查询，客户确实为艾滋病用电户）尊敬的客户，您好！根据利辛县人民政府（利政办秘〔2014〕9号）文件精神，给予艾滋病用电户正常月份每月60元的免费用电额度，高峰月份（夏季7、8、9月份、冬季12、1、2月份）每月120元的免费用电额度。上述费用由县财政局、民政局按月拨付给县供电公司，县供电公司再逐月补贴到户。也就是说,您每月需按时先行缴纳当月电费,政府承诺的补贴款到账后,供电公司将按时返还给您。

问:供电公司针对艾滋客户都有什么特色服务?

答:除政府部门的电费补贴之外。针对艾滋病客户群体,当地供电公司成立有专门的服务队伍,定期为用户检查家中线路,对存在的老化及短路隐患及时消除。艾滋病客户遗孀、遗孤,供电公司也会不定期地开展走访慰问。

(二)安徽茶季区域性供电问题应答术

1. 知识背景

时值开春,皖南地区的制茶将迎来高峰。茶季高峰时制茶主产区家家户户是制茶小作坊,添置了大量的用电加工设备进行茶叶加工。近年来,在政府的优惠政策鼓励下,茶叶制作由"碳烤"改为"电烘烤",制茶大功率设备大幅增加,户均用电容量达到 20kW 以上,部分用户用电设备容量甚至达到 50kW 以上。制茶高峰期均会出现超负荷用电,导致停电故障较多和低电压频繁出现。

2. 制茶供电高峰期涉及时间

答:每年 4 月 1 日起,长期。

3. 应答话术

问:怎么又停电了?(×××村,村里正在做茶,时间非常紧急)

答案:××先生/女士,非常抱歉,因制茶机械增加,同时开机做茶,出现超负荷用电,暂时会出现用电紧张情况,我们会第一时间安排人员上门恢复供电。建议延迟一段时间后,分开时间来做茶。

问:现在我这里电压怎么这么低? 机器起动不了,电炉不热。

答案:××先生/女士,非常抱歉,因制茶时间与用电高峰期重叠,超过变压器的供电能力,建议暂时停用大功率加工设备,延迟一段时间错开用电,电压就会正常的。

问:又停电了,什么时候来电?

答案:(1)帮助用户查询报修单记录,如已有用户抢修

话术:××先生/女士,非常抱歉,给您生活带来不便了,经查询已有用户报修过,已安排工作人员进行处理,请您耐心等待一下,抢修工作人员会第一时间赶赴现场进行处理的,也请自查家中的漏电保护开关,检查家中是否有电器漏电,如果存在漏电情况的话,也会引起跳闸的。

(2)未查询到相关抢修工单

话术:××先生/女士,非常抱歉,给您生活带来不便了,我们会详细记录用户地址、联系电话,派发抢修工单。

问:每次都这样,变压器不够用,为什么不改进?

答:××先生/女士,非常抱歉,给您生活带来不便了,(备注:查询客户所在区域,进行安抚)

供电公司近年来一直致力于满足当地茶农制茶用电需求,每年都有大规模的茶区电网改造工作。由于制茶用电负荷增长的不确定性,电网改造无法进行实时改造,村民制茶用电需求最好提前一年与供电公司申报,以便供电公司提前做好电网改造增容等安排。

(三)春节期间安徽务工人员返乡应答话术

问:我一年不在家,怎么还有电量?

答:可能有两种情况:(1)抄表时间与客户离家的时间不一致,客

户年初离家前可能有部分电费未结清;(2)家中电视机、冰箱、热水器等电器处于待机状态时也会耗电。

如您对家中电表或电量有疑问,可至属地营业厅或联系对应社区客户经理进行咨询。

问:外出打工期间,电费电量如何查询及交费?

答:可以通过 95598 智能互动网站、掌上电力手机 App、电 e 宝进行电费电量查询,交纳电费,也可以用微信、支付宝交费,您还可以关注"国网安徽电力"微信公众号,关注并绑定户号后不仅能缴费、查询月度账单,还可以获取家中每天用电量。

问:为什么本地的供电公司规定和外面的不一样?

答:因为各省市供电情况存在差异,包括电费电价、电表读取方法、办理业务所需材料等均存在差异,请您以当地供电公司说明为准。

问:长期不在家,可以预交电费吗?

答:可以。根据自家的用电量可适当预交,避免因欠费时间过长导致停电。

问:怎样实现异地交费?

答:我们已经开通了微信、支付宝等缴费方式,另外您还可以通过手机下载电 e 宝、掌上电力、移动美好安徽、翼支付等应用平台进行缴费。您还可以关注国网安徽电力微信公众号"sgcc—ahdl"查询和缴纳电费。

问:返乡回来用电量大可否办理分时电价?

答:可以办理,具体要求:由供电企业直接抄表到户的一户一表居民用电提供相关证件到当地营业厅申请办理。享受到低谷用电价格的实惠,但客户在办理分时电价业务时必须不发生拖欠电费行为且一年内不改回原计价方式。

问:我家这边怎么老是停电、电压也很低?

答:停电主要是春节前检修线路等原因造成停电。电压低主要是配电线路状况差,高负荷情况下,电压状况比较差。请提供具体位置,我们来联系当地供电公司,进行了解。请放心,供电公司在线路差的地方每年都会安排项目资金进行改造,供电质量会逐年提升的。建议您在春节高峰期间避开大负荷电器用电;另外为保证安全用电,老旧的和不规范厂家的电器容易漏电,不要使用。

问:为什么会出现电压偏低的情况?

答:造成电压偏低的原因有很多方面,比如供电半径长或线路需要改造,或近期降温幅度大,大家同时都在用大功率电器取暖,在每天的用电高峰时段可能会出现瞬时电压偏低情况。请错峰用电,或将家中大功率电器错时开启,您反映的情况我们会反馈给当地的供电公司去现场核实后给您答复(派发非故障抢修工单)。

问:今年过年夜里不会停电吧?

答:随着农网升级工程的逐步实施,停电抢修的事情会越来越少。为减少由于负荷突增而导致停电的可能性,大年夜请您尽量避免开启空调、取暖器等大功率电器。

问:我出去一年回来,缴费时怎么说我销户了?

答:按照供电营业规则,用户连续六个月不用电,也不申请办理暂停用电手续者,供电企业须以销户终止其用电。用户需再用电时,按新装用电办理。用户可以携带身份证等相关证明到所在地营业厅办理新装。

问：我家没有用电，为什么电表红灯还在闪？

答：单相智能表上有两个红灯，上方的红灯闪烁代表家里有用电设备接入，请检查您的家中是否有电器设备插头未拔下和电源保持连接。如果有，请将所有连接断开后再次检查红灯是否闪烁，如有异常请及时联系您的台区客户经理前来检查。下方的红灯闪烁代表通讯模块正常运行。并且电能表上的LED灯的闪烁使用的电均来自线路侧，不会对您家产生电费。

问：为什么有的村里已经进行农网改造，我们这边还没有改造，什么时候能改造？

答：农网改造必须经过现场勘查，上报上级政府主管部门审批备案，再通过上级部门审核后方能实施。农网改造依线路质量和供电能力，按照轻重缓急的原则实施。没有改造到你们村，可能是改造标准还没有达到急需改造的要求或是上报的项目还未得到上级批复。

问：电杆位置不合理，施工时为什么没有人告知？

答：供电施工工程电杆位置经专业人员现场勘察设计，并经当地政府部门许可，不存在不合理现象，施工前已由当地村委会配合做好线路现场确认和处理好用户告知和青赔协调工作。

问：常年不用电，回乡发现电线老化，不通电怎么办？

答：供电公司与居民客户产权分界点在用户电表出线端，正常用户如果属于电表以上（包括电表）故障，由供电公司全权负责维修和更换；如果故障点在电表出线以后部位（产权为客户资产），可由用户自行联系有相应资质的社会维修人员予以维修维护及更换。

问:掌上电力(微信、支付宝等线上渠道)交费扣款成功,为何系统仍然显示欠费?

答:掌上电力等第三方平台线上交费,资金来往安全便捷,请您放心,在系统正常情况下都能及时到账(最迟不会超过2个工作日的)。出现此类问题可能是银行与电力系统接口问题,也可能是系统不稳定造成,我们会安排当地供电公司帮您查询后给您答复,请耐心等待(派发咨询或服务申请工单)。

问:为什么实行远程费控业务?

答:为适应电力改革和互联网技术发展新形势,积极落实《国家电网公司关于2017年居民客户智能交费业务推广工作的意见》(国家电网营销〔2017〕236号)、《国网安徽省电力公司营销部关于印发2017年居民客户智能交费业务推广实施方案的通知》(营销工作〔2017〕35号)要求,满足广大居民客户便捷交费需求,所以推广远程费控业务。远程费控可实现自动远程抄表、自动实时核算电费、自动远程下达电费预警、自动远程催缴电费、远程停复电及客户信息交汇互动,满足居民客户在线、灵活、互动服务需求。

问:实行远程费控业务前是否签订相关协议?

答:是的。供电公司根据平等自愿原则,与客户协商签订协议。2017年3月31日前安徽公司与客户签订的相关协议为《远程费控补充协议》,3月31日后更改为《智能交费补充协议》。

(1)每户家庭由一人代表进行签订,若您对自家的《远程费控补充协议》(《智能交费补充协议》)签订情况不是很了解的话,请您再问问家中其他成员。

(2)您若不是直接在供电公司办理的新装业务,是通过过户手续办理的用电,之前的户主有可能已与供电单位签署了相关协议。

(3)如您还有其他疑问,我们会安排当地供电公司工作人员及时与您联系,帮您解答并处理。感谢您的支持和配合!客服专员可下派非抢修单。

问:客户如何得知自己属于电费智能结算方式客户?

答:电费智能结算方式客户除了能够获得结算余额(月账单通知短信中可显示),还能够获得可用余额(催费短信、待停电短信中可显示)。如果客户不能通过短信内容自行判断,可前往营业厅详细咨询。客户应确保自己提供给供电部门的手机号码是正确的,以保证客户能够及时收到月账单通知、催费通知、待停电通知等信息。

在给您开通远程费控功能业务之前,供电公司需要与您签订《远程费控补充协议》(《智能交费补充协议》),未签订协议的,一般不是远程费控用户。另外,如果您开通了远程费控与电费智能结算功能,同时会开通供电公司的短信订阅功能,能收到相关提醒短信,可以查询电费账户的可用余额。如果您电费余额到了预警值及停电提醒值,供电公司会给您发短信提示,您也可以通过这种方法判断自己是不是远程费控用户。

问:交了费,为什么会再次收到欠费短信?

答:实行远程费控(智能交费)业务后,供电公司依然是按月结算电费(每月或两月),但每日会预结算,故在您交费后若可用余额低于当前预结算产生的电费时,系统会自动再次发送电费预警短信,便于您及时缴费确保可用余额充裕。

问:为什么供电企业在客户不知情的情况下将客户的状态改为智能交费客户?

答:供电企业不会单方将客户的状态改为智能交费客户。(1)供电公司在将您的用电方式正式变更为智能交费客户前,会经您或您的家人同意后签订《远程费控补充协议》(《智能交费补充协议》),同时发布短信通知您或您的家人;(2)如果您是通过过户手续办理用电的客户,之前客户已签署协议成为智能交费客户;(3)智能交费业务有效解决了人工催费过程中停电通知单张贴不及时,不美观,客户隐私泄露和未有效告知客户电费信息等问题;(4)智能交费业务有效解决了由于客户未及时交费而产生的违约金问题;(5)对于租房户,智能交费业务有效解决了租户欠费给房主造成损失。